공인중개사,
생각부터 달라야 산다

고객을 사로잡아 계약을 터뜨리는 사람들의 결정적 차이

공인중개사, 생각부터 달라야 산다

김명식 지음

두드림미디어

프롤로그

그들이 만난 이유

'생각 하나가 인생을 바꿀 수 있다면, 당신은 지금 어떤 생각을 하고 있습니까?'

'이 일을 계속해야 할까, 말아야 할까.'

요즘 들어 이 질문이 자꾸 머릿속을 맴돌았다.
커피를 마시면서도, 매물을 띄우면서도, 심지어 잠에서 깼을 때조차.

서울 강남구 역삼동, 오래된 아파트 단지 내 상가 1층.
낡은 외벽에는 누군가의 흔적처럼 흐릿한 간판 자국이 남아 있다. 그 위에 새롭게 붙인 글씨 하나 — 공인중개사사무소.

그 안에서 유서연은 오늘도 혼잣말을 내뱉는다.

"하… 오늘도 노쇼(no-show) 세 건. 월세는 계속 나가고, 광고비는 줄

줄 새고…. 나 지금, 도대체 뭘 하는 거지?"

커피는 이미 식어 있었고, 창밖으론 사람 그림자조차 보이지 않았다. 텅 빈 거리처럼, 그녀의 마음도 점점 비어가고 있었다.

2년 전만 해도 그녀는 대한민국 상위 1%의 일타강사였다.
45세, 서울 강남구 대치동, 수학, 입시 최상위권. 강의 한 타임에 수백만 원.
'유서연 쌤 수업 어때요?' 인터넷에 검색만 해도 찬사가 쏟아지던 시절.

그런 그녀가 지금은 "2층 전세 풀렸나요?"라는 전화에 허둥대며, 단지 주민의 눈치를 보며 전단을 돌리는 중이다. 더 이상 자존심을 지킬 여유도, 미래를 낙관할 용기도 없었다. 스스로 선택했던 이 일 앞에서 자존감은 매일 조금씩 무너지고 있었다.

창가에 앉아 휴대전화를 집어 들었다. 지인이 추천해준 번호가 저장되어 있었다.

김명식 교수.
중개업계에서는 '실무의 대가'로 불리는 사람. 정보보다 철학을 먼저 가르친다는 사람.

지인은 말했다.

"배우든 안 배우든, 김명식 교수님은 꼭 한번 만나 봐. 진짜, 생각이 바뀔 거야."

그녀는 잠시 망설였지만 결국 메시지를 보냈다.

"안녕하세요. 혹시 상담 가능하실까요?"

답장은 짧았다.

"내일 저녁 10시. 강남 사무실로 오세요."

그녀는 결심했다.

'이번에도 안 되면, 정말 그만둘 거야.'

그리고 다음 날 밤 9시 58분, 서울 강남의 한 오피스텔 2층. 불이 켜진 사무실 문 앞에서 그녀는 깊은숨을 들이쉬었다. 삶에 대한 피로와 마지막 희망이 뒤섞인 한숨이었다.

문이 열렸다.

"안녕하세요…. 혹시 김명식 교수님…?"

그보다 먼저, 안쪽 의자에 한 남자가 앉아 있었다.
검은 패딩, 편의점 커피, 붓기 있는 눈가와 조금은 수척한 얼굴.

"정민우입니다. 강남에서 중개하고 있어요."

낮고 단단한 목소리였다.

정민우, 36세. 전직 외제 차 딜러. 현재는 대형 중개법인 소속 상가 중개 2년 차. 그리고 두 딸의 아버지.

"아이들이 있어요. 초등학교 1학년, 3학년. 이제는 아빠가 어떤 사람인지 보여줘야 할 시기인데···. 상가 임대차 하나 계약 못 하고, 매일 실장님 눈치만 보고 있습니다."

그는 웃으며 말했지만, 손끝은 미세하게 떨리고 있었다. 현실에 눌린 책임감이 그의 어깨를 무겁게 누르고 있었다.

잠시 뒤, 김 교수가 들어왔다.
그의 눈빛은 날카로웠지만 따뜻했고, 목소리는 조용하지만 단단했다.

"두 분 다 절박하군요. 그럼 제가 먼저 물을게요. 왜, 상가 중개를 하려는 겁니까?"

유서연이 먼저 입을 열었다.

"아파트 중개는 이제 지쳤어요. 똑같은 질문, 똑같은 불만. 계약은 늘 다른 데서 터지고···. 제가 뭔가 잘못하고 있다는 건 아는데, 정확히 뭘 모르는지를 모르겠어요."

김 교수는 조용히 고개를 끄덕였다.

"좋습니다. 자기가 어디서 무너졌는지를 아는 사람은 다시 세울 수 있어요."

정민우가 이었다.

"전 실은… 돈이 목적이었습니다. 그런데 돈이 안 벌리니까, 그제야 내가 아무것도 모른다는 것을 깨달았어요."
"어디서 느꼈나요?"
"고객이 매물을 보더니 그러더군요. '이 자리에 왜 이 가게가 되어야 하는지 잘 모르겠어요.' 그 말에… 아무 말도 하지 못했습니다."

김 교수는 조용히 종이 한 장을 꺼내 책상 위에 내려놓았다.

"하루가 바빠지려면, 생각부터 바뀌어야 합니다."

정민우의 눈썹이 살짝 흔들렸고, 유서연은 종이를 조용히 내려다보았다.

"중개는요, 평수나 조건이 전부가 아닙니다. 상가 하나에도 흐름이 있고, 그 안에는 사람들의 사연이 녹아 있어요. 그걸 읽을 수 있어야 당신은 '계약'이 아니라 '사람'을 연결하게 되는 것입니다."

그 순간, '공인중개사'라는 단어가 처음으로 다르게 들렸다.

그저 면허나 수수료의 문제가 아니라, 사람을 이해하고 흐름을 읽는 직업이라는 것. '매물을 다루는 사람'이 아니라, '사람의 삶을 다루는 일'이라는 것을 처음으로 느꼈다.

"지금부터 제가 알려드리겠습니다. 단순히 매물 찾고 광고를 돌리는 법이 아니라, 어떻게 생각하고, 어떻게 설득하고, 어떻게 '존재'할 것인가."

지금부터 시작될 수업은, 당신 자신을 다시 세우는 일입니다.

유서연은 조용히 입을 다물었다. 정민우는 고개를 끄덕였다.
그들의 표정엔 같은 문장이 새겨져 있었다.

'배워야 한다. 지금이 마지막이다.'

"그전에 약속 하나만 해주세요."
"약속이요?"
"지금까지 여러분이 알고 있던 '공인중개사'라는 정의를 이 자리에서 완전히 지우는 것. 그게 첫 번째 수업입니다."

그날 밤, 늦은 강남 골목. 작은 사무실 안에서 공인중개사가 아닌 '사람'들의 인생 수업이 시작되었다.

이 책은 세 사람의 이야기입니다.

강사의 자존감을 잃은 유서연,
가장의 책임을 짊어진 정민우,
그리고 그들에게 다시 '생각'을 심어주는 김명식 교수.

하지만 진짜 주인공은 — 지금, 이 글을 읽고 있는 당신입니다.

지금 당신은 고민하고 있겠죠.

'이 일을 계속할 수 있을까?'
'나도 저들처럼 변화할 수 있을까?'
'그동안 뭘 놓쳤던 것일까?'

그 질문들에 이 책은 '정보'가 아닌 '이야기'로 답할 것입니다.

중개는 자격증에서 시작하지 않습니다. 진짜 중개는 '생각'에서 시작
됩니다.

지금, 그 생각을 바꿀 시간입니다.

차례

PART 01 생각을 바꾸는 순간, 인생도 바뀐다

PART
01

생각을 바꾸는 순간, 인생도 바뀐다

공인중개사의 내면이 모든 성과의 시작이다

성과는 생각에서 출발한다. 바쁜 하루, 좋은 계약은 전부 '어떻게 생각하느냐'에서 시작된다. 생각을 바꾸는 순간, 인생도 바뀐다!

하루가 바빠지려면,
생각부터 바꿔라

아침 9시 45분, 강남구 역삼동. 사무실에는 은은한 재즈가 흐르고 있었다.

커튼 사이로 들어오는 햇살이 창틀을 따라 퍼졌고, 책장 위에는 '상가 중개의 본질은 사람이다'라고 적힌 액자가 유난히 눈에 띄었다.

"어… 좀 일찍 왔네요."

유서연이 문을 열고 들어섰다. 어제보다 조금 더 말끔한 정장 차림이다. 손에는 노트북과 수첩이 들려 있었다.

"저… 괜히 긴장되네요."
"긴장할 필요 없어요. 오늘은 생각을 바꾸는 게 목표니까."

김 교수는 여전히 따뜻한 말투였지만, 그 안에는 묘한 '각'이 서려 있었다.

곧이어 정민우도 도착했다. 커피 두 잔을 들고, 숨을 가다듬으며 말했다.

"안녕하세요. 저… 밤새 복기했습니다. 어제 말씀이 머릿속에서 떠나질 않아서요."
"좋아요."

김 교수는 고개를 끄덕이며 자리에 앉더니, 노트북을 덮고 손가락으로 테이블을 두드렸다.

"질문 하나 할게요. 두 분 다, 요즘 하루가 바쁜가요?"

잠깐의 정적. 유서연과 정민우는 서로를 흘긋 바라봤다.

"…아니요."
"…솔직히, 그렇진 않죠."

"그럼 반대로, 왜 바쁘지 않은지 스스로 설명할 수 있나요?"

두 사람의 표정이 굳었다.

'바쁘지 않다'라는 말은 익숙했지만, '왜 바쁘지 않은가'에 대해서는 생각해본 적이 없었다.

"제가 보기에는요…."

김 교수는 커피를 한 모금 마시며 말을 이었다.

"하루가 바빠지지 않는 것은 그날 하루를 바라보는 '생각의 구조'가 틀렸기 때문입니다."

"유서연 씨, 어제 몇 개 매물 띄우셨어요?"
"어… 다섯 개 정도요. 단지 내 2층 전세랑 1층 점포형…."
"블로그에는?"
"하나 올렸어요. 그냥 복사해서 붙였죠."
"고객 연락은요?"
"오늘은… 문의 하나 받고, 끝이었네요."
"그게 본인의 하루 전체 루틴이었나요?"
"…네. 지금까지는요."

고개를 끄덕이며 수첩 한 장을 넘겼다.

"하루가 바빠지려면, 시간을 쪼개는 게 아니라 시선을 바꿔야 합니다. 지금 유서연 씨는 하루를 '업무'로 보고 있어요. 하지만 '기회'로 보기 시작하면, 행동이 달라집니다."

정민우가 조심스럽게 손을 들었다.

"교수님, 저는 매물은 많은데 손님이 안 와요. 블로그, 네이버 지도 등록, 유튜브 짧은 영상까지 다 해봤거든요. 그런데 여전히 조용해요."

"그럼 반대로 물어볼게요. 지금 본인이 하는 활동은, 당신이 원하는 고객의 삶에 어떤 영향을 줄 수 있나요?"

정민우는 아무 말도 하지 못했다.

"고객은 공간을 보러 오는 게 아닙니다. 그 공간에서 '살아갈 자기 미래'를 상상하러 오는 것입니다. 그 상상을 가능하게 해주는 사람이 바로 공인중개사예요."

김 교수는 화이트보드에 적었다.

> 상가 중개 = 공간 정보 전달 X
> 상가 중개 = 고객의 상상 자극 O

"하루가 바빠지려면, '평수 15평, 월세 200만 원' 같은 조건에서 벗어나야 해요. '이 자리에서 3년간 장사했던 사람이 왜 나갔는가', '이 공간은 지금 어떤 타이밍에 와 있는가', 이것을 말해줘야 손님이 다음 질문을 던집니다."

유서연은 수첩을 꾹 눌러 쥐었다. 머릿속에 하나의 그림이 떠올랐다. 지금까지 자신이 했던 설명은 그저 '조건 나열'에 불과했다는 것을 깨달았다.

"하루를 다르게 살고 싶다면, 단 하나만 바꾸면 됩니다."

김 교수는 손가락을 천천히 들어 올렸다.

"바로, 생각입니다. 하루를 '업무'로 볼 것인가, '기회'로 볼 것인가. 고객을 '질문받는 대상'으로 볼 것인가, '설득할 파트너'로 볼 것인가. 그것은 바꾸는 순간, 하루의 밀도가 달라집니다."

그 말에 정민우는 조용히 고개를 숙였다.

"교수님, 저… 지금까지 전단 1,000장 뿌리고, 인스타 글 10개 올리고, 매물만 50건 띄웠습니다. 그런데 '왜 바쁜데 계약은 없지?'라는 생각만 계속했거든요."

"그건요…."

김 교수는 부드럽게 웃었다.

"바쁘게는 살았지만, 정확히 바라보지 못했기 때문입니다. 눈을 바꾸면, 하루가 바뀝니다. 하루가 바뀌면, 계약이 따라옵니다."

김 교수의 한마디

공간을 바라보는 눈이 바뀌면, 하루의 밀도가 달라집니다. '업무'가 아닌 '기회'로 해석하는 순간, 계약은 이미 시작된 것입니다.

진짜 성공한 공인중개사들은
다르게 생각한다

"이 자리, 그냥 공실이었던 것 같아요. 건물도 낡았고, 주변에는 프랜차이즈 하나 없고….".

유서연은 고개를 갸웃거리며 매장 안을 둘러봤다.

점포는 텅 비어 있었다. 오래된 타일 바닥, 벽면엔 이전 업주의 흔적이 남아 있었다. 입구 쪽 유리에는 휘어진 임대 스티커가 아직도 붙어 있었다.

"이런 곳은 아무래도 잘 안 나가는 매물인 거죠?"

김 교수는 대답 대신 유리문을 열고 안으로 들어섰다. 그리고 천천히 매장 한가운데에 섰다.

"정민우 씨, 저를 이 공간을 처음 보는 고객이라 생각하고, 10초 안에 소개해보세요."

정민우는 갑작스레 시선이 몰리자 잠시 멈칫했다.

"…음, 역삼역 도보 5분 거리입니다. 전용면적은 13평이고요, 임대 조건은 보증금 2,000만 원에 월세 180만 원입니다. 평수가 작아 1인 업종에 적합할 것 같습니다."

"좋습니다. 유서연 씨는요?"
"2년간 공실이었던 점포고요. 이전에는 꽃집이었는데 폐업했고, 지금은 근처 도로 공사의 영향으로 유동 인구가 주춤한 상황입니다. 임대 조건은 협상 여지가 있습니다."

김 교수는 두 사람의 말을 다 듣고 나서 고개를 천천히 저었다.

"두 분 다, 지금 이 공간을 '팔지' 않고 있습니다."
"네?"
"임대 조건을 나열했을 뿐이에요. 고객이 왜 여기를 선택해야 하는지, 지금 이 타이밍에 왜 이 자리가 '기회'인지 한마디도 하지 못했어요. 성공한 공인중개사는, '정보'를 나열하지 않습니다. '맥락'을 보여줍니다."

김 교수는 유리창 밖으로 고개를 돌렸다.
바로 앞 골목에는 테이블 세 개짜리 작은 샌드위치 가게가 보였다.

"저기, 샌드위치 가게 보이죠? 저 자리도 2년 공실이었어요. 그런데 저 가게가 들어온 뒤, 바로 맞은편에 생과일 주스집이 들어왔고, 그 옆에는 직장인 전용 카페가 생겼죠. 왜 그런 흐름이 생겼을까요?"

정민우가 조심스레 말했다.

"점심 회전율 좋은 업종들이 붙은 거죠."
"정확합니다. 이 거리는 낮 유동 중심의 흐름으로 재편되고 있는 중입니다. 그런데 이 공간은 유일하게 '오픈형 매장' 구조예요. 오히려 이 공실이 타깃이 되는 순간이 바로 지금입니다."

유서연은 숨을 들이마셨다. 처음에는 그저 낡고 조용한 가게로만 보였던 공간이 이야기를 들은 후, 기회의 중심처럼 느껴졌다.

"성공한 공인중개사는요, 평수를 설명하는 사람이 아니라, 가능성을 설계해주는 사람입니다."

김 교수는 노트를 꺼내어 앞에 적었다.

조건 나열 =	임대서류 복사
기회 설명 =	고객의 행동 유도

"대부분의 공인중개사들은 '정보'를 들고 와서 말합니다. 그런데 성공하는 사람은, '정보를 바라보는 시선'이 완전히 다릅니다."

정민우가 조심스럽게 물었다.

"교수님, 그럼 진짜 성공한 공인중개사는 이런 자리를 어떻게 표현할까요?"

김 교수는 눈을 반짝이며 미소 지었다.

"좋은 질문이에요. 제가 어떻게 소개하는지, 들려드릴게요."

그는 실제 손님에게 보낸 설명 톤 그대로 말했다.

"이 자리, 2년간 공실이었지만 바로 옆 골목에는 6개월 만에 세 개의 회전형 점포가 들어왔습니다. 이 건물 1층은 유일하게 개방형 구조고, 이 점은 점심 회전형 업종에는 결정적 차별점입니다. 실패의 기록이 아닌, 흐름의 전환점입니다."
"…와."

유서연은 숨이 멎은 듯했다. 조금 전까지 '버려진 자리'로만 보였던 공간이 이제는 누군가에게는 놓치면 안 되는 기회처럼 느껴졌다.

김 교수는 두 사람을 번갈아 바라보며 마무리했다.

"진짜 성공한 공인중개사는, 같은 매물을 보면서도 다르게 해석합니다. '지금 왜 이 매물을 이야기해야 하는가'를 안다면, 계약은 이미 시작된 것입니다."

성공한 공인중개사는 조건을 말하지 않습니다. 지금 이 자리가 '왜 기회인지'를 말할 수 있어야 진짜입니다.

공인중개사도
철학이 있어야 산다

사무실 문이 조용히 닫혔다.

짧았지만 인상 깊었던 야외 수업을 마치고 돌아온 세 사람. 매서운 바람에 붉어진 볼, 정민우는 손을 비비며 말했다.

"밖에서 듣는 설명이 더 실감납니다. 그 공실, 그냥 낡은 가게라고 생각했는데…, '이 자리가 유일하게 개방형'이라는 말 듣고 나니, 머릿속에서 그림이 그려지더라고요."

"저도요."

유서연이 조심스럽게 말을 이었다.

"처음에는 '왜 저런 데서 시간을 쓰지?' 했는데, 듣고 나니까 그동안 내가 얼마나 매물을 '죽은 공간'으로만 봤는지를 깨달았어요."

김 교수는 미소 지으며 따뜻한 해관차를 건넸다. 그리고 조용히 입을 열었다.

"그런 느낌, 좋습니다. 오늘의 핵심은 '공간을 해석하는 눈'을 갖는 거였어요. 이제 한 걸음 더 가보죠."
"질문 하나 더 하겠습니다."

김 교수는 두 사람을 바라보며 말했다.

"두 분은 '나는 어떤 공인중개사인가'라는 질문을 스스로에게 던져 본 적이 있나요?"

그 질문에 유서연과 정민우는 동시에 말이 멈췄다.
유서연은 펜을 돌리다가 손을 멈췄고, 정민우는 물컵을 들었다가 도로 내려놓았다.

"…그냥 '잘하는 공인중개사'가 되고 싶다고 생각한 적은 있었어요."

유서연이 조심스럽게 입을 열었다.

"그런데 그게 어떤 의미인지는… 깊이 생각해보지 않았네요."
"저는…."

정민우도 고개를 들었다.

"그냥 계약 많이 쓰고, 월수입이 좀 안정되면 그게 성공이라 생각했습니다. 지금 생각해보면… 그게 철학은 아니었던 것 같네요."

김 교수는 그 말을 듣고 고개를 끄덕이며 말했다.

"그렇죠. 대부분 그렇게 생각합니다. '철학'이라는 단어는 뭔가 거창하고, 실무와 거리가 있다고 느끼거든요. 하지만 실은 그 반대예요. 철학이 없으면, 실무가 늘 불안합니다. 철학 없는 공인중개사는요, 고객의 질문 한마디에 당황합니다."

"'왜 이 자리에 이 업종이 어울릴까요?', '왜 이 조건이 괜찮다고 생각하세요?', '다른 데보다 이곳이 나은 이유는요?'라는 질문을 받을 때마다 '글쎄요… 그냥 괜찮아서요'라고 대답하게 되죠. 그건 공인중개사가 아니라, 단순한 정보 전달자입니다."
"그럼 교수님은 어떤 철학으로 이 일을 하세요?"

정민우가 진지하게 물었다.
김 교수는 잠시 고개를 숙였다가, 조용히 말했다.

"저는 이렇게 정의합니다. '나는 상권의 흐름을 해석하고, 사람의 삶을 연결하며, 공간에 의미를 더하는 사람이다.' 이 정의 하나로, 내가 어떤 매물을 소개할지, 어떤 고객에게 어떤 언어를 사용할지, 그리고 어느 순간에 침묵할지를 결정하게 됩니다."

그는 수첩을 꺼내어 펼쳤다.

낡은 종이 위에 손글씨가 적혀 있었다.

'내 중개는, 공간이 아니라 사람을 위한 것이다.'

"이 문장을 제가 처음 쓴 날, 계약 성공률이 달라졌습니다. 같은 매물을 보여줘도, 고객의 눈을 바라보는 시선이 달라졌어요."

유서연은 숨을 들이마셨다.

그녀는 늘 명확한 답을 좋아하는 사람이었다. 수학 강사 시절, 문제는 늘 '정답'이 있었다. 하지만 지금, 이 순간은, 오히려 질문이 많았다.

"저는… 철학이라기보다는 그냥 잘해야 한다는 부담만 있었던 것 같아요. 지면 안 된다, 보여줘야 한다, 그런 압박만요."
"그건 철학이 아니라 경쟁입니다."

김 교수는 단호하게 말했다.

"철학은 내가 지킬 기준이고, 경쟁은 남과 비교하는 기준입니다. 그 두 개가 혼동되면, 늘 불안하고 외로워져요."

정민우는 조용히 고개를 끄덕이며 물었다.

"그럼 우리도, 지금 철학을 정해보는 게 좋겠네요?"
"좋습니다."

김 교수는 수첩 두 개를 건네며 말했다.

"지금부터 10분 동안 '나는 어떤 공인중개사이고 싶은가', '나는 이 일을 왜 계속하고 있는가' 이 두 문장을 스스로 써보세요."

"정답은 없습니다. 단지, 본인의 언어로 써보는 것입니다. 이것을 쓰지 못하면, 고객에게 '왜 이 매물인가'에 대해서도 대답할 수 없게 돼요."

두 사람은 조용히 수첩을 펼쳤다. 처음에는 머뭇거리던 펜이, 조금씩 자연스럽게 움직이기 시작했다.

'나는 실패한 사장님들에게 다시 도전할 수 있는 용기를 주는 공인중개사가 되고 싶다.'
'나는 가족이 내 삶을 자랑스러워할 수 있도록, 정직하고 따뜻한 공인중개사가 되고 싶다.'

손끝으로 쓰는 문장이 아니라, 가슴에서 끌어올리는 문장이었다.

김 교수는 말없이 둘을 바라보았다. 그들의 표정에는 진심이 묻어 있었다. 이 순간만큼은, 누구도 가르치지 않았고 누구도 평가하지 않았다. 단지, 각자가 자신의 방향을 찾고 있는 중이었다.

김 교수의 한마디

철학이 없는 공인중개사는 질문 앞에서 흔들립니다. 나는 어떤 공인중개사인가, 그 정의가 실무의 방향을 결정합니다.

남들보다 물건 먼저 보는 게
중요한 이유

"이제, 정말 중요한 이야기를 할 차례입니다."

김 교수는 천천히 일어섰다.
방 안의 조명이 조용히 어두워지고, 화이트보드 위에 커다란 글씨가
또박또박 적혔다.

타이밍

"좋은 공인중개사와 성공한 공인중개사의 차이가 뭔지 아십니까?"

정민우와 유서연은 서로를 한 번 바라보고, 동시에 고개를 저었다.

"좋은 공인중개사는 정확한 정보를 아는 사람이고, 성공한 공인중개

사는 누구보다 먼저 움직인 사람입니다."

김 교수는 사무실 한쪽에서 두 개의 노란색 파일을 꺼냈다.
한쪽에는 '선점 실패', 다른 한쪽에는 '선점 성공'이라고 쓰여 있었다.

"오늘은 이 이야기로 수업을 시작하죠."

첫 번째 사례: '선점 실패'

"이것은 제가 3년 전 중개했던 매물입니다. 대로변 코너, 1층, 전용 12평. 건물 외관도 훌륭했고, 입지 역시 꽤 괜찮았어요. 문제는 이 매물을 내가 처음 본 게 아니라는 것입니다. 이미 블로그 세 곳, 밴드 두 곳, 로드뷰까지 다 노출되어 있었어요."
"물론 저도 올렸습니다. 그러나 결과는 2개월 공실. 결국 임대료 인하 후 타 공인중개사에게 넘어갔어요."

유서연이 손을 들었다.

"그럼, 처음 올린 사람만 계약이 되는 건가요?"
"꼭 그렇진 않아요. 하지만 처음 보는 사람이 '제일 먼저 손을 내밀 수 있는' 건 맞습니다. 이건 매물의 선점이자, 관계의 선점이에요."

두 번째 사례: '선점 성공'

김 교수는 두 번째 파일을 열었다.

"같은 지역, 비슷한 크기의 매물이었어요. 하지만 이번엔 건물주가 직접 전화해서 '급히 내놓겠다'고 말했죠. 그 자리에 제가 직접 방문해서 20분 대화를 나눈 후, 바로 업종 추천 리스트를 작성해서 전달했어요. 이틀 후, 프랜차이즈 본사 실무진이 와서 보고, 3일 만에 계약서를 체결했습니다. 제가 움직인 것은 단 '첫 48시간'이었습니다."

정민우가 중얼거렸다.

"…결국, 같은 매물도 누가 먼저 반응하느냐에 따라 계약이 되는 거군요."
"맞습니다."

김 교수는 탁자 위에 손을 올렸다.

"지금 여러분이 보는 시장은 눈으로만 봐서는 안 되는 시장입니다. '느낌이 오면 움직이고, 움직였을 때 흐름을 잡아채야 하는 시장'이에요."

그는 두 사람을 번갈아 보며 말을 이었다.

"건물주는 매물을 '중개사무소에 맡긴 순간부터' 마음을 정리합니다. 즉, 당신은 타이밍 속에서 건물주의 감정 흐름을 포착해야 해요."

"'오늘 내가 본 매물 중, '누구보다 먼저 움직일 수 있는 매물은 있었는가?', '그 매물을 본 순간, 나는 바로 고객을 떠올렸는가?', 이런 질문을 스스로에게 매일 던져야 합니다."

유서연이 고개를 들었다.

"교수님, 저도 비슷한 일이 있었어요. 단지 내 상가에서 꽤 괜찮은 카페 자리가 나왔는데, 글을 올릴까 말까 하다가 하루 미뤘고. 결국 다른 공인중개사님이 그날 바로 계약을 성사시켰더라고요. 제가 '그냥 좀 더 정리해서 올리자'라는 생각을 한 사이에 말이에요."

그녀는 입술을 깨물었다.

"그날 이후로 자꾸 매물 뜨는 게 무서워졌어요."

김 교수는 고개를 끄덕이며 말했다.

"그게 바로 '속도'의 공포예요. 좋은 공인중개사도 느리면, 항상 뒤따라가게 됩니다. 그리고 반복되는 '후회'는 결국 자신감을 갉아먹게 되죠."

정민우가 고개를 끄덕였다.

"전단 1,000장, 매물 노출 50건, 블로그 30포스팅… 저는 다 해봤습니다. 그런데요, 지금 와서 보니 '제일 먼저 움직였던' 건 아무것도 없었네요."
"그렇죠."

김 교수가 미소 지었다.

"성공한 공인중개사는 정보를 먼저 아는 사람이 아니라, 먼저 반응하는 사람입니다. 중개는 '아는 것'보다 '움직이는 것'이 먼저입니다."

김 교수는 화이트보드에 마지막으로 세 줄을 적었다.

"정보는 넘친다. 하지만 속도는 부족하다."
"좋은 매물은 기다려주지 않는다."
"선점은 운이 아니라, 생각과 습관이다."

김 교수의 한마디

좋은 공인중개사는 정확하게 움직이고, 성공한 공인중개사는 먼저 움직입니다. 선점은 운이 아니라, 생각과 습관에서 시작됩니다.

나는 '판매자'인가, '가치 중개자'인가

"정민우 씨, 유서연 씨."

김 교수는 조용히 두 사람을 불렀다.

"하나 물어보겠습니다. 두 분은 지금까지, '매물을 팔고 있다'라는 느낌이 드신 적 있습니까?"

정민우가 먼저 고개를 끄덕였다.

"거의 매일이요. 특히 건물주가 '언제 계약되냐'고 연락 오는 날이면, 저 자신이 그냥 '세일즈맨' 같았어요."

유서연도 깊은 한숨을 쉬며 입을 열었다.

"저도요. 이 매물을 팔아야 월세를 내고, 유지비를 내고, 간판값을 뽑는다 싶어서 항상 뭔가 쫓기듯이 설명하고 설득했죠. 그런데 이상하게, 그런 날은 계약이 잘 안 돼요."

김 교수는 고개를 끄덕이며 말했다.

"좋아요. 그 감정, 오늘부로 내려놓으세요. 지금부터 여러분은 '파는 사람'이 아니라…."

화이트보드에 큼직한 글씨가 적혔다.

가치 중개자

"'판매자'는 고객에게 '조건'을 보여주는 사람입니다. 하지만 '가치 중개자'는 고객에게 '가능성'을 보여주는 사람입니다. 이 둘의 차이는, 고객이 계약서를 쓸 때 마음이 편한가, 불안한가로 갈립니다."

김 교수는 예전 자신의 경험을 꺼냈다.

"10년 전, 3개월째 공실이던 2층 상가를 맡았을 때였어요. 다섯 명의 공인중개사가 매물 등록을 했고, 광고도 뿌렸지만, 계약이 안 됐어요. 그 공간은 복도형 구조에 화장실도 외부였거든요. 다들 '팔기 어려운 자리'라고 단정했죠. 그런데 전 다르게 봤습니다."

김 교수는 탁자에 놓인 스케치북을 꺼내 손으로 간단한 평면도를 그렸다.

"외부 화장실? 이것은 차라리 '프라이빗 존'이 가능하다는 이야기고, 복도형 구조? 외부에서 소음이 덜 들어오는 공간이죠. 그렇다면, 이 자리는 누가 써야 맞을까요?"

정민우가 말했다.

"1인 컨설턴트, 작가, 코치 같은 분들이요?"
"정답입니다."

김 교수는 실제로 브랜딩 코치를 연결했고, 3일 만에 계약이 성사되었다.

"이 매물, 조건만 보면 불리했습니다. 하지만 저는 '이 매물의 가치를 제대로 해석해줄 사람'을 찾았고, '그 사람에게 딱 맞는 공간'임을 설계해서 제시했죠. 그분이 계약서 사인하고 저한테 했던 '교수님은 저한테 공간을 판 게 아니라, 미래를 제안해주셨어요'라는 말이 잊히질 않아요."

그 말을 듣고 유서연은 문득 지난 한 달을 떠올렸다.
세탁소 자리를 문의하던 40대 여성. 수제청 공방을 하고 싶다던 30대 부부. 그들에게 "이 자리는 몇 평이고 얼마입니다"라는 말만 반복했던 자신의 모습이 아프게 스쳐 지나갔다.

'나는 조건만 말했고, 그들이 꿈꾸는 미래에 대해 한마디도 하지 못

했구나.'

김 교수는 두 사람의 표정을 보며, 다시 화이트보드에 표를 그렸다.

항목	판매자	가치 중개자
말투	"지금 이게 제일 싸요."	"이 자리는 이런 삶과 잘 어울립니다."
시선	매물 중심	사람 중심
행동	매물을 '내보내려' 함.	사람을 '불러들이려' 함.
계약 후	피로감, 공허함.	만족감, 소개 연결

"공인중개사의 말을 듣고 고객이 '구매'한 게 아니라, '공감'했다면 그것은 이미 중개가 아닙니다. 그것은 설계이고, 제안이고, 협업이에요. 공인중개사는 그 정도로 중요한 직업입니다."

정민우가 다시 물었다.

"그럼 저희는 앞으로 어떤 관점으로 매물을 봐야 할까요?"

김 교수는 수첩을 열며 대답했다.

"매물의 조건을 적기 전에 고객의 내면을 먼저 상상해보세요. 그 사람이 이 공간에 들어와서 어떤 표정을 짓게 될지를요. 그게 바로 가치 중개자의 시작입니다."

김 교수의 한마디

공인중개사는 매물을 파는 사람이 아니라, 고객의 미래를 설계하는 사람입니다. 조건을 말하는 대신 가능성을 보여줄 때, 진짜 계약은 시작됩니다.

숫자보다 마음을
먼저 읽는 공인중개사

"교수님, 그럼, 그 고객이 '보증금이 너무 높다'라고 말한 진짜 이유는 뭘까요?"

유서연의 질문은 단순한 궁금증이 아니었다. 그녀 자신이 최근에 놓쳐버린 상담 장면을 떠올리고 있었기 때문이다.

김 교수는 자리에서 일어나며 말했다.

"그 고객의 진짜 이유는… 숫자 뒤에 숨어 있어요."

그는 손에 쥔 펜으로 화이트보드에 크게 적었다.

> '보증금이 높다' = 내가 실패하면 다시는 못 일어난다.
> '월세가 부담된다' = 이 자리가 나에게 맞지 않을까 봐 무섭다.
> '권리금이 많다' = 그만한 가치를 못 느끼고 있다.

"우리가 자주 듣는 이 숫자들은 실은 '논리의 언어'가 아니라 '불안의 언어'입니다. 대부분의 고객은 숫자를 말하지만, 진짜로 말하고 싶은 것은 숫자가 아닙니다. 자신의 상황과 감정, 실패 경험, 가족의 눈치 같은 것입니다."

정민우는 한참을 말없이 듣고 있었다. 그리고 불쑥 고개를 들었다.

"교수님… 솔직히요, 저는 숫자 이야기만 들으면 반사적으로 '조정 가능하다'라고만 말했어요. 월세가 높다 하면 '그럼 10만 원 정도는 깎아보죠' 이렇게요."
"그럴 수 있어요. 그게 지금까지의 일반적인 중개 방식이었으니까요."

김 교수는 부드럽게 받아주었다.

"하지만 거기서 멈추면, 우리는 그냥 '가격 맞추는 사람'일 뿐이에요. '상황을 읽고 마음을 풀어주는 공인중개사'가 되어야 합니다."

김 교수는 또 하나의 실제 사례를 꺼냈다.

"몇 년 전, 40대 초반 여성분이 1층 코너 자리를 보러 왔어요. 위치도 좋고, 월세 350만 원에 보증금 3,000만 원이었죠. 그런데 그분이 입구 앞에 서서 매장을 한참 바라보시더니 '좋은데… 저 숫자들이 좀 무섭네요'라고 말했어요."

"저는 그 말을 듣고, 아무 말 없이 조용히 '무서운 이유가 뭘까요?'라고 물었어요."

그 질문 한 마디에 고객의 눈이 흔들렸다.

"알고 보니, 이분은 몇 년 전 프랜차이즈 매장을 운영하다가 보증금을 날리고 폐업했던 분이었어요. 이 보증금은 아이 대학 등록금 일부였고요. 즉, 이분에게 '보증금 3,000만 원'은 금액이 아니라 기억이었던 거예요. 그때 실패했던 감정, 그때 잃었던 자신감, 그때 돌아섰던 가족의 시선까지도 함께 떠오르게 만드는 숫자였던 거죠."

유서연은 멍하니 입을 다물었다. 그녀의 머릿속에서도 비슷한 장면이 떠올랐다. 지난달, 30대 초반의 청년이 카페 자리를 보러 왔던 날이다. 그는 평범하게 웃고 있었지만, 계속 "보증금이 조금만 낮았으면 좋겠어요", "이거 말고 더 싼 곳도 있을까요?"라는 말을 되풀이했다.

그때 유서연은 그냥 '이 사람 예산이 부족하구나' 하고 넘겼지만, 지금 생각해보면 그 청년의 눈빛에는 조심스러움과 뭔가를 애써 감추려는 흔적이 있었다.

김 교수가 말을 이었다.

"가끔은 이렇게도 생각해보세요. '숫자가 높다는 말은, 고객의 자신감이 낮다는 말일 수 있다.' 고객은 지금 자기 인생의 확신이 부족한 것입니다. 우리가 해줘야 할 것은 그 숫자를 깎는 게 아니라, 그 숫자가 가진 의미를 바꿔주는 일이에요."

정민우가 조용히 되물었다.

"그럼, 그런 고객에게는 어떻게 말을 꺼내야 하나요?"

김 교수는 단호하게 말했다.

"정답은 '질문'입니다. '조건이 마음에 안 드시나요?'가 아니라 '지금 어떤 게 가장 불안하세요?'라고 물어보는 거예요. 말을 숫자로 걸어오면, 우리는 감정으로 답해야 합니다."

📠 김 교수의 한마디

고객이 숫자를 말할 때, 우리는 감정을 읽어야 합니다. 진짜 중개는 가격이 아니라, 그 숫자에 담긴 불안을 이해하는 데서 시작됩니다.

입지보다
해석이 먼저다

"오늘 수업은 좀 다르게 시작해보죠."

김 교수는 탁자에 지도를 펼치며 말했다.

"이 지도 위에 '좋은 자리'라고 생각되는 곳에 O 표시를 한번 해보세요."

정민우와 유서연은 서로 눈을 마주치고 펜을 들어 각자의 기준으로 지도를 체크했다.

정민우는 학원가 메인거리의 코너 건물에 O 표시를 했다.
유서연은 역삼역 3번 출구 앞 대형 상가에 O 표시를 했다.

김 교수는 두 사람이 표시한 자리를 보고 조용히 웃었다.

"예상한 대로예요. 다들 눈에 잘 띄고, 유동 인구 많은 곳만 고르셨네요."

"그런데 한 가지 물을게요."

그는 손가락으로 유서연이 표시한 지역을 가리켰다.

"이 건물, 하루에 몇 팀이 중개 의뢰를 넣는지 아십니까?"

"…서너 팀은 되지 않을까요?"

"맞아요. 많을 때는 열 팀도 됩니다. 그만큼 공인중개사 사이에서 경쟁이 치열하다는 뜻이에요."

김 교수는 이어서 말했다.

"이 자리에서 계약을 성사시키려면, 그냥 매물 정보만 말해서는 안 됩니다. '이 입지가 왜 지금, 이 고객에게 맞는지'를 설계할 수 있어야 해요. 이것이 바로 '해석'의 영역입니다."

김 교수는 예전 이야기를 꺼냈다.

"수년 전, 을지로 외곽의 오래된 골목 안에 작은 2층 상가 하나가 나왔어요. 입지도 애매하고, 외관도 낡았고, 유동 인구는 거의 없었죠. 10명 넘는 공인중개사가 손을 대다가 포기했어요. 하지만 저는, '이 공간은 누가 쓰면 자연스러울까?'를 고민했죠."

김 교수의 눈빛이 깊어졌다.

"그 공간에는 오래된 철제 계단이 있었고, 벽에는 페인트가 벗겨진 흔적이 있었어요. 보통은 단점이죠. 하지만 '빈티지함'을 콘셉트로 운영하는 카페에는 오히려 큰 자산이 될 수 있습니다. 저는 직접 인근 대학 커뮤니티에 글을 썼습니다. '빈티지 포토존이 가능한 2층 카페 매물'로요. 그 글을 본 20대 청년 두 명이 찾아왔고, 9일 만에 계약이 성사되었습니다."

유서연의 눈이 커졌다.

"그럼, 그 건물 상태 그대로 계약된 거예요?"
"네. 오히려 철제 계단을 리폼하지 말아달라고 하더군요. '이 느낌 그대로 가고 싶다'면서요."

정민우가 중얼거렸다.

"입지를 해석한다는 것은, 결국 그런 거군요. 같은 공간도 누구에게 맞느냐를 읽는 감각…."

김 교수는 고개를 끄덕이며 말했다.

"맞습니다. 입지란 본질적으로 '공간 + 사람'입니다. 사람이 빠지면 그것은 그냥 땅일 뿐이에요."

김 교수는 다시 지도 위의 한 점을 가리켰다.

"여긴 어떤가요? 오전 10시부터 오후 2시까지만 유동이 몰리는 입지입니다. 이것은 그냥 '애매한 자리'일까요? 아니면 '점심 매출 중심의 도시락 가게에 최적화된 자리'일까요? 또 다른 예입니다."

그는 칠판에 그림을 그리기 시작했다.

도로 옆에 위치한 B건물. 정면은 아파트 단지, 반대편은 버스 정류장이다.

"정면으로는 유입이 별로 없지만, 버스 정류장 쪽은 매일 수백 명이 내립니다. 그 사람들은 이 골목을 통과해 아파트로 돌아가죠. 이때 우리는 '이 공간이 보이지 않는다'라고 할 게 아니라, '이 공간은 오로지 퇴근 시간에만 강해진다'라고 해석해야 해요. 그럼 그 해석에 맞춰 퇴근 시간 특화 매장을 찾으면 됩니다. 테이크아웃 반찬, 셀프맥주, 혼술집 등."

김 교수의 한마디

좋은 입지는 눈에 띄는 곳이 아니라, '그 자리에 있어야 할 사람'이 떠오르는 곳입니다. 입지를 해석하는 순간, 같은 매물도 다른 가치를 갖게 됩니다.

계약보다
사람이 먼저다

"솔직히… 너무 급했어요."

정민우는 고개를 떨군 채 말했다.

"그날 고객이 딱 그런 말을 했거든요. '조건만 맞으면 오늘 계약하겠습니다.' 그 말을 듣고 저는 '됐다' 싶었어요. 그리고 그날 바로 매장 임장을 가고, 사장님과 계약서 초안도 조율했죠. 그런데 다음 날, 연락이 안 됐어요. 전화도, 문자도, 카카오톡 메시지도 다 씹히고. 그 고객은 그냥 사라졌어요."

유서연이 눈을 흘겼다.

"요즘 그런 일 많죠. '계약할게요' 해놓고, 하룻밤 자고 나면 마음 접는 거."

그 말을 듣던 김명식 교수는 가만히 두 사람을 바라보다가 말했다.

"자, 그럼 이제부터 이야기해봅시다. 왜 그런 일이 자꾸 생길까요?"

두 사람은 아무 말이 없었다.
김 교수는 다시 말을 이었다.

"그것은. 고객이 계약을 미루는 게 아니라, 우리가 '사람'을 보지 못한 탓이에요."

그는 펜을 들어 칠판에 이렇게 썼다.

계약이 깨지는 순간 = 사람이 빠진 순간

"우리가 계약서, 조건표, 공실 분석표에 집중하는 동안 정작 가장 중요한 것을 놓치고 있어요. 바로, '이 공간을 쓸 사람이 어떤 사람인가?'라는 질문이죠."

김 교수는 한 가지 사례를 꺼냈다.

"5년 전, 50대 초반 남성 고객이 있었어요. 프랜차이즈 치킨 창업을 준비 중이었고, 예산, 입지, 콘셉트까지 아주 명확했죠. 그런데요, 첫 미팅 때 고객이 조용히 이런 말을 꺼냈어요. '사실 예전에 음식 장사를 한 번 실패한 적이 있어서… 이번에는 아내한테 꼭 이긴 것을 보여주고 싶습니다.' 그 말을 듣는 순간, 저는 계약 이야기를 아예 접었어요. 대신 이렇게 물었죠. '대표님, 혹시 지금 이 창업은 '돈을 버는 일'보다 '자존 감을 회복하는 일'에 가까우신가요?' 그 질문에 고객은 한참을 침묵했 고, 결국 눈시울이 붉어졌어요. 그날 이후, 우리는 함께 상담 방향을 바 꿨습니다. 그저 조건 좋은 자리가 아니라, 가족이 함께 운영할 수 있는 '작지만 오래가는 자리'를 찾기로요. 결과적으로 그 고객은 큰 매장을 포기하고 조금 외곽의 작은 매장을 계약했습니다. 그리고 1년 후, 그 고객의 아내가 저에게 전화해서 이렇게 말했어요."

'교수님, 남편이 요즘 매일 웃어요. 장사는 아직 많이 멀었지만, 우리 가정이 살아났어요.'

정민우와 유서연은 말없이 눈을 맞췄다. 그동안 자신들이 보지 못했 던 '사람의 사정'들이 머릿속에서 떠오르고 있었다.

"계약이란 건요."

김 교수는 조용히 말했다.

"서류로 완성되는 게 아니라, 관계와 이해로 완성되는 것입니다. 우 리는 '팔았다'라고 생각하지만, 고객은 '믿었다'라고 생각합니다."

유서연이 조심스럽게 말했다.

"그럼 교수님, 사람을 보는 법은 어떻게 배워야 하나요?"

김 교수는 미소를 지으며 말했다.

"질문부터 바꾸세요. '얼마까지 생각하세요?', '월 매출 목표가 얼마세요?' 이런 질문은 조건을 묻는 거예요. 대신 이렇게 물어보세요."

'이 공간에 어떤 하루가 펼쳐지길 바라세요?'
'가장 걱정되는 것은 무엇인가요?'
'이 매장을 가족들에게 소개할 때 어떤 말을 하고 싶으세요?'

"이런 질문이 나오면, 고객은 비로소 '사람'으로 대우받는다고 느낍니다. 그리고 그때부터 계약은 자연스럽게 따라옵니다."

김 교수의 한마디

계약은 조건으로 시작되지만, 사람의 이야기를 들을 때 비로소 완성됩니다. 우리가 중개하는 것은 공간이 아니라, 누군가의 내일입니다.

매물은 숫자가 아니라
이야기다

"이 매물은 코너 건물 1층, 16평, 보증금 3,000만 원, 월세 180만 원입니다. 유동 인구가 많고 시야도 확보되어 있고요."

정민우의 설명은 매끄러웠다. 그러나 김 교수는 고개를 갸웃했다.

"음… 민우 씨, 그 설명만으로 고객이 이 공간에서 무슨 장사를 하는지 상상할 수 있을까요?"
"그게… 숫자와 위치만 말씀드려도 충분한 줄 알았습니다. 고객들이 궁금해하는 것은 결국 조건 아닌가요?"

정민우는 당당했지만, 그 말에 김 교수는 곧장 되물었다.

"민우 씨는, 집을 고를 때도 평수와 가격만 보고 바로 계약하나요?"
"…아니요. 느낌이 중요하죠. 그 집에 들어갔을 때 어떤 기분이 드는

지…."

"바로 그거예요. 공간은 감정이에요. 감정 없는 정보는 기억되지 않아요."

김 교수는 오래된 수첩을 꺼냈다.

"몇 년 전 일이에요. 작은 문구점 자리를 맡았는데, 모두가 '입지가 안 좋다', '컨디션이 별로다'라고 했어요. 계단이 낡았고, 간판도 낡고, 평수도 애매했죠."

"그런데 어느 날, 저는 그곳 벽에 붙어 있던 어린이 그림 몇 장을 봤어요. 지우개 자국, 색연필 자국…. 건물주에게 물어보니 예전에 동네 초등학교 앞에서 20년 넘게 문구점이었던 자리더군요. 전 그날 매물 소개서를 바꿨어요."

'이 골목을 지나는 아이들이 매일 들렀던 곳, 한때는 꿈이 팔리던 공간이었습니다. 이제 그 이야기를 이어가실 분을 찾습니다.'

"놀랍게도, 다음 날 전화가 왔어요. '아이와 함께 동네 책방을 해보고 싶다'라는 엄마였죠. 계약은 단번에 성사되었습니다."

유서연도 떠오르는 기억이 있었다.

"역삼동의 한 매물이… 기억나요. 2층에 위치해서 모두가 외면했었는데 제가 처음으로 그 공간 안에 있는 작은 소파 하나를 눈여겨봤어요. 그건 예전 미용실에서 남겨진 거였죠. 그 미용실 원장님이, 10년 넘게 동네 아이들 머리를 잘라주셨다고 하더라고요."

"전 그것을 소개할 때 이렇게 말했어요. '이 공간은 10년 넘게 동네 엄마들과 아이들의 이야기를 담은 곳입니다. 미용실은 사라졌지만, 관계의 온기는 그대로 남아 있습니다.' 결국 한 유아교육 전문가가 그 자리에 '아이정서연구소'를 열었어요. 입지는 같지만, 설명이 바뀌자 고객의 상상이 달라졌던 거죠."

정민우가 무릎을 '탁' 쳤다.

"이제야 감이 오는 것 같습니다. '이 공간에는 누가 살았는가?', '그 사람은 왜 떠났는가?', '그리고 이 공간은 지금 어떤 이야기를 기다리는가?'"

김 교수가 미소 지었다.

"좋아요. 그 질문들이 쌓이면, 당신은 더 이상 물건을 파는 공인중개사가 아니라, 이야기를 해석하는 공인중개사가 됩니다."

"하나 더 덧붙이자면, '매물 하나에도 시간의 결이 있어요. 그 시간은, 어떤 사람을 초대할지를 정해주는 기준이 되죠.' 예를 들어볼게요."

◆ 매물 A : 낡은 주택가 후미진 자리
　　　→ 20년 동안 혼자 문을 연 식당, 단골 위주

◆ 매물 B : 신축 건물의 첫 공실
　　　→ 아무도 쓰지 않았지만, '처음의 새로움'을 원하는 창업
　　　　자에게 매력적

"둘 중 어느 것이 더 좋은가요?"

정민우가 말했다.

"사람에 따라 달라지겠죠."
"정답입니다. 그래서 우리는 조건보다 먼저 사람을 보고, 그다음 그
사람에게 맞는 공간의 이야기를 꺼내야 해요."

 김 교수의 한마디

매물은 숫자가 아니라, 이야기입니다. 그 공간에 담긴 시간과 기억을 꺼낼 수 있어야,
비로소 고객의 상상이 움직이기 시작합니다.

생각이 행동을 바꾸고,
행동이 결과를 만든다

정민우는 말없이 계약서를 바라보았다.

도장이 찍혀 있었고, 손님은 웃고 있었으며, 책상 위에는 고운 향이 나는 커피 한 잔이 놓여 있었다. 그는 천천히 한숨을 내쉬었다.

"드디어, 나도 해냈다…."

며칠 전, 그는 여느 때와 다름없이 평범한 매물 하나를 마주하고 있었다. 지하 1층, 내부 구조는 평범, 유동 인구는 많지 않은 곳. 예전 같았으면 그냥 패스했을 매물이었지만, 그날은 이상하게 그냥 넘길 수가 없었다.

"혹시 이 매물, 예전에 누가 쓰셨나요?"

정민우는 조심스레 건물주에게 물었다. 건물주는 조금 의외라는 듯 웃으며 말했다.

"거긴 한참 전까지 아이들 음악학원이었어요. 선생님 부부가 같이 하셨는데, 아이들도 정말 많았죠. 코로나가 터지면서 문을 닫고, 그냥 비워뒀네요."

그 말 한마디에 정민우의 머릿속에 하나의 '장면'이 그려졌다. 아이들이 매일 뛰어와 "선생님~" 하고 부르며 문을 열던 순간, 창문 틈으로 들리던 피아노 소리, 그 공간을 채우던 소리와 웃음.

그는 그날 광고 문구를 다시 써 내려갔다.

'이곳은 한때, 아이들의 웃음과 건반 소리가 흐르던 공간이었습니다. 조용히 쉬고 있던 이 무대가, 이제 다시 누군가의 삶을 담을 준비가 되었습니다.'

다음 날, 젊은 엄마 한 명이 전화를 걸어왔다.

"아이들한테 처음 음악을 가르쳐주고 싶은데, 작지만 조용한 공간이 필요했어요. 그런데 이 글을 보고 마음이 흔들렸어요…. 여기서 시작하고 싶어요."

정민우는 그날 계약을 성사시켰고, 계약서에 서명하며 그 손님이 마지막으로 남긴 말이 머릿속을 떠나지 않았다.

"제가 뭘 시작할 수 있을까 망설였는데, 이 공간이 저한테 먼저 말을 걸어줬어요."

"민우 씨, 이번 계약은 숫자가 아니라 사람이 만들어준 결과네요. 축하합니다. 이제 당신은 행동을 바꿨고, 그 행동은 당신만의 결과를 만들어냈어요."

"그런데요, 교수님…."

정민우가 조용히 물었다.

"이것이 진짜 제가 한 일일까요? 그냥 운이 좋았던 건 아닐까요?"

김 교수는 고개를 저었다.

"운이 왔다고 해도, 잡는 사람은 따로 있어요. 운을 잡을 준비가 되어 있는 사람만이 그것을 행동으로 옮깁니다. 생각이 달라지면, 보는 눈이 달라집니다. 보는 눈이 달라지면, 손님에게 설명하는 말이 달라지고, 말이 달라지면… 계약이 따라오는 거예요."

그날 저녁, 유서연도 조용히 자신의 사무실 안에 앉아 있었다. 요즘 좀 이상했다. 예전에는 매물을 보고도 설명할 말이 없었는데, 요즘은 매물 하나하나에 '한 줄 설명'이 떠오른다.

'이 공간은 예전에 사용했을까?'
'이 자리는 어떤 기억을 담고 있을까?'
'다음에 여기를 쓸 사람은 어떤 삶을 살게 될까?'

그녀는 오래된 매물 사진을 하나 꺼내, 고객에게 이렇게 소개글을 써서 보냈다.

'이곳은 7년 동안 아이 둘을 키우던 엄마의 작은 재봉틀 가게였습니다. 조용한 골목에서 하루하루를 꿰매던 손끝의 이야기, 다음 사람에게 이어지길 바랍니다.'

40분 후, 한 고객으로부터 답장이 왔다.

"이 공간… 제 이야기 같아요. 직장은 그만두고, 나만의 바느질 공방을 하고 싶었거든요."

그 순간, 유서연은 깨달았다.

'내가 생각을 바꾸니, 말이 바뀌고, 말이 바뀌니, 사람의 반응이 달라졌다….'

김 교수의 한마디

행동은 마음이 만든 결과이고, 계약은 말이 만든 기적입니다. 당신이 보는 시선이 바뀌면, 그날의 결과도 완전히 달라집니다.

PART
02

고객은 설명보다
통찰에 반응한다

말의 밀도, 깊이가 곧 실력이다

지식은 넘쳐나지만, 통찰은 드물다.

고객은 한 문장으로 본질을 꿰뚫는 공인중개사를

기억한다. 고객은 설명보다 통찰에 반응한다.

고객은 설명보다
통찰에 반응한다

"이 자리는요, 하루 유동 인구가 약 3,000명 정도고, 정면 노출도 좋고, 내부도 깔끔하게 리모델링되어 있어요. 층고는 3.2m, 전면 유리창이라 채광도 좋아요. 보증금 2,000만 원에 월세 180만 원입니다."

유서연은 습관처럼 브리핑을 마쳤다. 손에 들린 태블릿을 보며 매물 정보를 나열했다. 고객은 조용히 고개를 끄덕였다. 그리고 짧게 한마디를 던졌다.

"그래서, 여기…, 잘되나요?"

순간 유서연은 대답이 막혔다.

그 질문은 단순한 '수익성'의 확인이 아니었다. 그 공간에서의 '미래'를 묻는 것이었고, '상상'을 자극하는 메시지를 바랐던 것이다. 하지만 자신은 여전히 숫자와 정보만 말하고 있었다. 돌아오는 차 안에서 유서연은 자책했다.

"왜 나는 고객의 그 한마디에 대답을 못 했을까?"

며칠 후, 김 교수의 강의실.
정민우와 유서연은 나란히 앉아 있었고, 오늘 주제는 바로 '설명과 통찰'이었다.

김 교수는 화이트보드에 이렇게 썼다.

> 설명은 들려주는 것이고, 통찰은 꿰뚫어 보는 것이다.

"여러분, 고객은 설명보다 통찰에 반응합니다. 정보는 누구나 갖고 있어요. 하지만 고객이 기억하는 공인중개사는 '한 문장으로 공간의 본질을 말하는 사람'입니다."

정민우가 물었다.

"교수님, 설명과 통찰의 차이를 예시로 들어주실 수 있을까요?"

김 교수는 눈을 반짝이며 말했다.

"좋아요. 예를 들어, 평수가 작고 보증금도 낮은 소형 매물이 하나 있다고 칩시다. 대부분은 이렇게 말하죠. '보증금 2,000만 원에 월세 150

만 원이고요, 주변에 소형 매장이 잘 없어요.' 하지만 이렇게 말해보면 어떨까요? '이 자리는 작지만 강합니다. 하루 3,000명이 지나가고, 그 중 2명만 붙잡아도 월세는 해결됩니다.'"

순간 유서연과 정민우 모두 탄성이 나왔다.

"와… 그 한 문장에 매물의 '정체성'이 다 들어 있네요."

정민우가 말했다.

"그게 바로 통찰입니다."

김 교수는 덧붙였다.

"설명은 수십 문장이어도 통하지 않지만, 통찰은 단 한 문장으로도 고객의 마음을 움직입니다. 고객은 정보를 들으러 오는 게 아닙니다. 그들은 '확신'을 얻으러 옵니다. 그리고 그 확신은 숫자가 아니라 공인중개사의 해석력에서 나옵니다."

그날 저녁, 정민우는 자신의 블로그 글을 지워버렸다.
전날 올렸던 매물 설명은 그저 스펙 나열에 불과했다. 그리고 그는 다시 글을 썼다.

"사람이 많은 자리는 많습니다. 하지만 사람들이 '멈추는 자리'는 드뭅니다. 이 공간은, 멈추게 하는 힘이 있습니다."

글을 올린 지 5시간도 채 되지 않아 한 고객에게 전화가 왔다.

"정말 사람들이 멈추는 자리인지, 직접 가보고 싶어요."

정민우는 손에 쥔 휴대전화를 바라보며 웃었다. 그것은 단순한 '문의전화'가 아니라 그의 '생각'이 고객의 '행동'을 만든 순간이었다.

며칠 뒤, 유서연은 고객 상담 중 처음으로 매물 정보를 먼저 말하지 않았다. 대신 이렇게 말했다.

"이 자리는 말이죠. 낮에는 햇살이 이 가게를 감싸고, 퇴근길 엄마들이 항상 이 길을 지나가요. 하루 두 번, 가장 포근한 시간에 이 공간이 살아납니다."

고객은 고개를 끄덕이며 말했다.

"그럼, 제가 장사할 수 있을 것 같아요."

> ### 🗣️ 김 교수의 한마디
>
> 정보는 누구나 말할 수 있지만, 공간의 본질을 꿰뚫는 한마디는 준비된 공인중개사만
> 이 할 수 있습니다. 고객은 설명보다 '확신'을 따라옵니다.

숫자 뒤에 숨어 있는
진짜 고객의 고민

"교수님… 요즘은 매물 상담이 끝나면, 항상 고객이 마지막에 '좋은 자리인 건 알겠는데, 좀 더 생각해볼게요'라고 말해요. 그 말이 자꾸 머릿속에 남아요."

정민우는 강의실 의자에 앉아, 손에 쥔 커피를 몇 번이고 뒤적이며 말했다.

"분명히 조건은 좋은데…. 보증금도 시세보다 낮고, 월세도 부담 없고, 심지어 입지도 훌륭했어요. 그런데 고객 반응은 미지근하더라고요."

김 교수는 조용히 고개를 끄덕이며 말했다.

"민우 씨, 고객은 '조건'만 보고 움직이지 않아요. 우리가 매물을 보는 시선과 고객이 공간을 받아들이는 방식은 전혀 달라요."

유서연도 한 손을 들었다.

"저도 비슷한 경험이 있어요. 최근에 어떤 40대 여성 고객이 딱 봐도 괜찮은 자리인데 망설이길래 '시세보다 훨씬 저렴한데요'라고 말했거든요. 그런데 그 고객이 갑자기 조용해지시더니 '예전에 망한 적 있어서요' 하고는 그냥 가버리셨어요."

김 교수는 자리에서 일어나 화이트보드에 이렇게 썼다.

숫자 = 정보
고민 = 감정
계약 = 신뢰

"우리가 흔히 말하는 숫자들… 보증금, 월세, 면적, 유동 인구, 노출, 인테리어 상태… 이것은 전부 '정보'입니다. 그런데 고객이 마음속에 담고 오는 것은 '감정'이에요."
"감정이요?"

정민우가 고개를 갸웃했다.

"그렇습니다. 예를 들어, 한 고객이 '조용한 골목의 작은 가게'를 찾고 있다면, 그가 진짜 원하는 것은 '외진 자리'가 아니라 '혼자 감당할 수 있는 공간'일 수 있어요. 반대로, '사람 많은 메인 상권'을 찾는 고객이 정작 자리에 가서 주저한다면, 그 속에는 '실패할까 봐 두려운 마음'

이 숨어 있을 수도 있고요."

김 교수는 말을 이었다.

"이것은 마치 병원에 가는 사람과 비슷해요. 환자는 증상만 말하지만, 의사는 그 뒤에 있는 원인을 파악하죠. 공인중개사도 마찬가지예요. 고객은 숫자를 말하지만, 우리는 그 뒤에 있는 마음을 읽어야 합니다."
"하지만 교수님, 그것은 어떻게 읽죠?"

유서연이 손을 들었다.

"간단해요. 질문을 바꾸면 됩니다. 정보를 묻기 전에, 이유와 감정을 먼저 묻는 거죠."

김 교수는 정민우를 바라보며 말했다.

"다음 상담 때, 이렇게 한번 시작해보세요."

'이 매물에 관심을 가지시게 된 특별한 이유가 있으실까요?'
'가게를 시작하려는 시점이 지금인 이유가 있으세요?'
'이번 창업은 어떤 의미가 있으신가요?'

정민우는 노트북을 꺼내 적었다.

"정보보다 이유, 감정보다 숫자."

며칠 뒤, 정민우는 40대 후반쯤으로 보이는 여성 고객과 상담을 시작했다. 예전 같으면 보증금, 월세, 유동 인구부터 읊었겠지만, 오늘은 달랐다.

"사장님, 혹시 이번에 매장 알아보시게 된 특별한 계기가 있으셨을까요?"

고객은 눈을 살짝 내리깔았다.

"음… 사실… 아이들 다 키워놓고 나니까 이제는 뭐라도 내 이름으로 된 공간을 만들고 싶더라고요. 10년 넘게 전업주부였거든요."

정민우는 한 박자 쉬었다.
그리고 그 말 속에 담긴 시간을 헤아리듯, 조심스럽게 입을 열었다.

"그렇다면… 번화가보다는 햇살 좋고 포근한 골목 쪽이 더 어울리실지도 모르겠네요. 나만의 리듬으로, 천천히 시작할 수 있는 공간 말이에요."

고객은 미소를 지으며 고개를 끄덕였다.

"맞아요. 그런 느낌이에요. 사람 많은 건 좋긴 한데, 제게는 좀 부담스럽더라고요."

정민우는 준비해둔 매물 폴더를 닫고, 새로운 페이지를 열었다.

김 교수의 한마디

숫자는 고객의 언어지만, 그 숫자 뒤에 감춰진 감정은 공인중개사가 먼저 읽어주어야 할 진심입니다. 계약은 정보로 설득되기보다, 공감으로 이끌려옵니다.

매물 하나에 담긴
이야기를 꺼내는 기술

"이 상가… 외관도 괜찮고, 입지도 나쁘지 않죠?"

정민우는 태블릿을 넘기며 유서연에게 물었다.
유서연은 잠시 화면을 보더니 고개를 갸웃했다.

"음… 그런데 느낌이 없네요."
"느낌이요?"
"네. 이 상가에는 이야기가 없어요. 공간을 소개하는 게 아니라, 공간에 '누가' 있었고, '무슨 일이' 있었는지를 들려줘야 고객이 상상을 해요."

며칠 뒤, 김 교수와의 수업.
유서연은 궁금증을 안고 질문을 던졌다.

"교수님, 매물을 소개할 때마다 느끼는 건데요, 그냥 '보증금 얼마, 평수 몇 평'만 말해서는 고객 반응이 너무 약해요."

김 교수는 웃으며 고개를 끄덕였다.

"그것은 당연한 반응이에요. 고객은 정보를 들으러 오는 게 아니라, 이야기를 들으러 오는 거거든요."
"이야기요…?"

정민우가 물었다.

"네. 매물 하나하나에는 그 공간을 채웠던 사람들의 삶, 감정, 흐름이 녹아 있어요. 그것을 꺼내야, 그 매물은 '단순한 물건'에서 '누군가의 무대'로 바뀌죠."

김 교수는 칠판에 크게 세 가지 질문을 썼다.

> '이전에 이 공간을 썼던 사람은 누구인가?'
> '그는 왜 이곳을 떠났는가?'
> '이 공간은 지금 어떤 흐름 속에 있는가?'

"이 세 가지만 파악해도, 그 공간은 설명이 아닌 이야기로 전달됩니다."

정민우가 불쑥 말했다.

"예전에 카페 매물 하나를 보여준 적 있어요. 시설이 너무 좋아서 바로 계약될 줄 알았는데, 몇 달 동안 계속 안 나갔어요."

"왜 그랬을까요?"

"나중에 알고 보니… 그 자리가 2년 사이에 3번이나 업종이 바뀌었더라고요. 근처 직장인들이 많아서 낮 장사는 괜찮은데, 밤에는 유동인구가 뚝 끊기는 구조였어요."

김 교수는 고개를 끄덕였다.

"그것이 바로 공간의 '흐름'입니다. 고객은 단순히 보증금이 아니라 그 자리에 숨어 있는 성공과 실패의 맥락을 알고 싶어 해요."

유서연이 말했다.

"저도 비슷한 경험이 있어요. 한 상가가 1년 넘게 공실이었는데, 그곳이 과거에 유명한 한식집이었다는 이야기를 듣고 '음식 냄새가 배어서 안 팔린다'라는 소문이 있었어요. 그것을 알고 나니, 괜히 자신감이 떨어지더라고요."

"맞아요. 공인중개사는 말 그대로 '중간에서 연결하는 사람'이죠. 단순히 물건을 보여주는 게 아니라, 과거와 미래를 연결하는 이야기꾼이 되어야 합니다."

"그럼 그 상가에는 누가 들어가야 좋을까요?"

김 교수가 유서연에게 되물었다. 유서연은 한참을 생각하다 말했다.

"배달 전문, 조리실 중심으로 구성된 곳이면 실내 냄새나 공간 노출에 크게 구애받지 않을 거예요."

"그렇죠. 그게 바로 공간에 맞는 서사를 찾는 것입니다."

정민우는 그날 저녁, 사무실에 돌아가 오래된 공실 리스트를 펼쳤다. 그리고 매물마다 세 가지 질문을 적기 시작했다.

'과거 업종은?'
'왜 그만뒀는가?'
'주변 흐름과 어울리는 새 업종은?'

며칠 뒤, 그는 한 자리에 대한 설명을 이렇게 바꾸었다.

"이 공간은 과거에 유명한 고깃집이었어요. 맛은 좋았지만, 주차가 불편해서 결국 이사를 갔죠. 지금은 주변에 사무실 수요가 많아서, 간단히 점심을 해결할 수 있는 분식 브랜드가 들어오면 정말 잘될 자리입니다."

상담을 듣던 고객은 고개를 끄덕였다.

"그 말 듣고 나니, 여기가 어떤 자린지 확실히 알겠네요."

그 말에 정민우는 마음 깊이 느꼈다. 공간은 말이 없지만, 이야기는 언제나 숨어 있다. 그리고 그것을 꺼내는 사람이 바로 공인중개사라는 것을….

공간은 스펙이 아니라 기억입니다. 그 자리에 어떤 삶이 있었는지, 앞으로 어떤 이야기가 가능할지 상상하게 만들 때 매물은 비로소 고객의 마음에 들어갑니다.

고객의 말보다
표정을 먼저 읽어라

"사장님, 마음에 드세요?"
"네… 뭐, 괜찮네요."

정민우는 고객의 대답에 안심하는 듯했지만, 마음 한구석이 찝찝했다. 고객의 눈빛이 말을 따라가지 않았다. 그녀의 입꼬리는 미소를 지었지만, 두 손은 서로를 계속 만지작거리고 있었고, 눈은 설명한 매물이 아닌, 문밖 골목을 바라보고 있었다.

며칠 후, 김 교수와의 수업.
유서연과 정민우는 나란히 앉아 있었다. 둘 다 최근 상담에서 고객의 '말'과 '표정'이 서로 엇갈리는 순간을 직접 체감한 상태였다.

"공인중개사 여러분, 질문 하나 할게요."

김 교수가 조용히 말을 꺼냈다.

"여러분은 고객이 '좋다'고 말했을 때, 그게 정말 진심인지, 아니면 그저 의례적인 말인지 어떻게 구분하시나요?"

정민우가 먼저 말했다.

"솔직히 모르겠어요. '좋다'고 하니까 좋아하는 줄 알았죠. 그런데 계약으로 이어지질 않더라고요."

유서연도 고개를 끄덕였다.

"저도 같은 경험이 있어요. '괜찮다'는 말… 이제는 그 말 자체가 신호 같아요. 진짜 만족한 사람은 그렇게 말하지 않더라고요."

김 교수는 칠판에 이렇게 썼다.

말은 표면, 표정은 본심

"여러분, 고객은 사회적으로 훈련된 존재입니다. 실망을 감추고, 실례가 되지 않도록 말하고, 어색하지 않게 맞장구치기도 하죠. 하지만 감정은 몸에서 새어 나옵니다."

김 교수는 세 가지 '비언어 신호'를 정리했다.

- 눈동자 : 설명하는 매물이 아닌 다른 곳을 자꾸 본다면, 마음이 떠 있다.
- 자세 : 고개는 끄덕이지만, 상체는 뒤로 젖혀져 있다면 마음의 거리도 그렇다.
- 손의 움직임 : 불안한 감정은 손으로 배출된다. 계속 소지품을 만지는 것이 대표적 인 신호다.

"말보다 중요한 것은 관찰력입니다."

김 교수는 강조했다.

"좋다, 괜찮다, 나쁘지 않다… 이런 말 뒤에는 늘 진짜 감정이 숨겨져 있어요. 그것을 읽어야 계약이 성사됩니다."

그날 이후, 정민우는 상담 방식에 변화를 줬다.
'정보 제공자'가 아니라, '감정 통역자'가 되기로 한 것이다.

며칠 후, 한 30대 남성 고객과 상담이 있었다.

"사장님, 이 매장 조건 정말 괜찮습니다. 유동도 좋고, 노출도 잘되어 있고요."
"음… 네, 괜찮네요."

하지만 고객은 팔짱을 낀 채, 말끝을 흐렸고 시선은 계속 입구 바닥 쪽을 응시하고 있었다. 정민우는 잠시 침묵했다가 조용히 물었다.

"혹시, 좀 부담스러우신 부분 있으세요? 오늘 본 매장 중 가장 '덜 마음에 드는 부분' 하나만 말해주신다면요?"

고객은 잠시 멈칫하다가 입을 열었다.

"사실… 여기가 너무 잘 보여서 오히려 부담되네요. 제가 장사가 처음이라, 괜히 주변이랑 비교당할까 봐 걱정돼요."

정민우는 고개를 끄덕이며 맞장구쳤다.

"충분히 이해됩니다. 첫 창업일수록 노출보다도 심리적으로 안정되는 위치가 더 중요하죠. 이 골목 안쪽의 조용하지만 배달은 강한 매물 한번 보여드릴게요."

그리고 정민우는 '괜찮다'라는 말보다 '마음이 편하다'라는 말이 얼마나 강한 계약 신호인지 그날 깨달았다.

유서연도 변화했다. 그녀는 최근 상담을 마친 뒤, 고객이 가게를 나서기 직전, 말없이 얼굴을 다시 한번 바라보는 습관이 생겼다.

어떤 고객은 문을 나서며 시선을 돌리지 않고 똑바로 가게 안을 다시 둘러봤고, 어떤 고객은 문밖으로 나간 뒤에도 발걸음을 멈추고 다시 돌아봤다.

그 순간이 '계약의 가능성'이 숨겨진 바로 그 지점이다.

김 교수의 한마디

말은 훈련된 표현이지만, 표정은 훈련되지 않습니다. 공인중개사는 말보다 감정을 읽는 관찰자입니다. '괜찮아요'라는 말 뒤에 숨어 있는 '불안함'을 먼저 알아차릴 때, 비로소 진짜 상담이 시작됩니다.

내 생각의 깊이가
내 브랜드가 된다

"어제저녁에 블로그 글을 하나 올렸어요."

유서연이 조심스럽게 말을 꺼냈다.

"최근에 계약된 단골 상권 매장 이야기인데… 그냥 보통처럼 매물 조건, 구조, 입지 설명 위주로요."

김 교수는 가만히 그녀의 눈을 바라보다가 물었다.

"유서연 씨, 그 글에서 당신 생각은 어디 있나요?"
"제… 생각이요? 그냥 있는 그대로 썼는데요?"
"있는 그대로요? 그럼 그 글은 유서연 씨가 아니라 어느 공인중개사의 글이랑 뭐가 다르죠?"

정민우가 웃으며 거들었다.

"제가 보기에는 꽤 정리가 잘되어 있던데요? 사진도 잘 찍으셨고, 조건도 정확했고."
"정확한 정보가 필요 없다는 이야기는 아닙니다."

김 교수는 부드러운 어조로 말을 이었다.

"하지만 브랜드가 되는 글은 정보를 '해석'하는 사람이 누구인지가 보여야 해요. 그게 바로 당신입니다."

그 순간, 유서연의 눈빛이 흔들렸다.

"그럼 어떻게 써야 하죠? 제가 뭐 대단한 해석을 할 수 있는 것도 아닌데…."

김 교수는 조용히 칠판에 글씨를 적었다.

> '정보는 누구나 줄 수 있다. 하지만 해석은, 단 한 사람만이 줄 수 있다.'

"예를 들어, 이런 매물이 있다고 해보죠. 보증금 5,000만 원, 월세 250만 원, 전면 6m, 내부 확장성 양호, 유동은 보통. 이것을 '좋은 매물'이라고만 하면 읽는 고객도 '좋을 수 있겠다'라고만 생각합니다. 하지만 만약, '이 매물은 외식이 아닌 작은 리빙 편집숍에 어울립니다. 유동보다는 '찾아오는 수요'가 중심인 지역이며, 임대료 대비 브랜드 경험 공간으로 활용할 수 있는 여유가 있습니다.' 이렇게 쓰면 어떤가요?"

정민우가 고개를 끄덕였다.

"같은 매물이 전혀 다르게 느껴져요. 정보가 아니라 '방향성'을 제시하는 것 같네요."
"그렇습니다. 공인중개사는 공간을 판매하는 사람이 아니라, 공간의 의미를 해석하는 사람입니다. 그 해석이 바로, 공인중개사의 색깔이죠."

그날 오후, 유서연은 블로그를 다시 열어봤다.
며칠 전에 쓴 글은 겉보기에 완벽했지만, 그 안에는 '유서연'이라는 이름은 없었다.

'내가 왜 이 매물을 소개했지?'
'왜 이 공간이 좋다고 생각했지?'
'이 자리에서 내가 장사한다면 뭘 할까?'

그녀는 질문을 바꿔가며 다시 글을 썼다.

"이 자리는, 사람들의 시선을 끌 수는 없지만, 시간을 길게 머물게 합니다. 조용히, 깊이 있게. 그래서 이 공간은 '혼자 찾는 공간'을 운영하고 싶은 분께 맞습니다. 작은 북카페, 글쓰기 클래스, 향을 파는 가게…, 이런 업종을 떠올리며 글을 씁니다."

글을 올린 지 9시간 만에, 메시지가 왔다.

"선생님 글을 보고 상담 예약을 하고 싶습니다. 글을 읽고 저희 가게 그림이 머릿속에 그려졌어요."

며칠 후, 정민우도 결심했다.

'내 방식으로 글을 써보자.'

정보 중심의 딱딱한 글 대신, 그가 실제로 '느낀 감정'과 '해석한 의미'를 적기 시작했다.

"사거리 코너 매장이라고 다 좋은 건 아닙니다. 이 자리는 코너지만 멈추는 지점이 없어요. 사람들이 보긴 하지만, 서서 들어오는 구조가 어렵습니다. 그래서 이 공간은 노출보다는 내부 체류 시간을 끌어낼 수 있는 '테이블형 매장'이 적합합니다."

그리고 그 글을 본 업종 대표가 바로 연락을 줬다.

"이 매물, 아무도 그렇게 설명 안 해줬어요. 처음으로 공간을 보는 시야가 바뀌었어요."

김 교수는 둘의 변화를 흐뭇하게 바라보며 말했다.

"이제 시작입니다. 당신들의 '관점'이 생겼어요. 그 관점이 브랜드가 됩니다. 그리고… 고객은 결국, 정보가 아니라 당신이 가진 생각의 깊이에 반응합니다."

김 교수의 한마디

정보는 누구나 전할 수 있지만, 해석은 단 한 사람만이 할 수 있습니다. 당신의 생각, 당신의 시선, 당신의 언어가 곧 브랜드입니다. 공간을 설명하지 말고, 공간을 해석하세요. 그게 바로, 당신만의 중개가 되는 시작입니다.

결국 중개는 사람이
사람을 돕는 일이다

비 오는 늦은 오후였다.

정민우는 강남 한복판에서 우산 없이 뛰는 남성을 발견했다.

그는 다름 아닌… 며칠 전 매장 문의를 했던 젊은 창업자였다. 신발은 젖었고, 손에는 물에 젖은 A4 도면 뭉치가 들려 있었다.

"사장님?"

민우가 다가가 말을 건네자, 남자는 고개를 들었다.

"아…, 정 공인중개사님. 어제 연락 못 드려 죄송합니다. 사실 이 매장, 계약하고 싶긴 한데… 생각보다 인테리어 비용이 너무 많이 나올 것 같아서요."

그 말을 듣자, 민우는 그를 근처 카페로 데려갔다.

"커피 한잔하시죠. 제가 아는 인테리어 기사님이 있는데, 최소비용으로 동선만 살리는 설계도 가능한 분이에요."

30분간의 대화 후, 정민우는 고객에게 견적 조정 아이디어와 유사 업종 배치 사례까지 설명해주었다. 그리고 마지막에는 이렇게 말했다.

"이것은 제가 중개해서 드리는 말이 아니라… 이 자리는, 사장님 사업 아이템이랑 진짜 잘 어울리는 자리예요. 더 좋은 조건을 찾으시려면 시간과 체력을 많이 쓰실 것입니다. 그리고 제가 오늘 도운 건 중개가 아니라, 사람 대 사람으로 돕고 싶어서 한 일이에요."

그 말에 젊은 고객의 표정이 바뀌었다. 눈빛에 확신이 담기기 시작했다. 그리고 그날, 계약이 체결되었다.

며칠 뒤, 정민우는 김 교수에게 그 이야기를 전했다.

"저 그날… 계약이 안 되더라도 그 사람을 그냥 보내고 싶지 않았어요. 진심으로 도와드리고 싶었어요."

김 교수는 고개를 끄덕였다.

"좋습니다. 이제 당신은 '계약을 따내는 사람'에서 '사람을 돕는 사람'으로 변하고 있는 중입니다. 중개는 '정보 싸움' 같지만, 사실은 '마음 싸움'입니다. 계약서에 도장이 찍히는 건 조건이 맞아서가 아니라, 상대의 진심이 느껴졌기 때문이에요."

같은 시각, 유서연도 한 건의 계약을 마치고 사무실로 돌아오던 길이었다. 고객은 60대 여성. 3년 전 식당 폐업 이후 처음으로 다시 가게를 열겠다는 분이었다. 하지만 두 번의 미팅 끝에도 망설임은 사라지지 않았다.

"제가 다시 장사할 수 있을지… 요즘 젊은 사람들처럼 할 수 있을지 모르겠어요."

유서연은 마지막 상담에서, 매물 설명보다 고객의 눈을 오래 바라봤다.

"사장님, 제가 괜히 드리는 말씀이 아니라… 사장님 같은 분이 장사 다시 시작하시면, 어떤 손님이 와도 진심을 느낄 거예요. 맛보다 진심이 오래 남는 장사, 그건 사장님이 더 잘 아시잖아요."

그 순간, 고객은 말없이 눈을 닦았다. 그리고 조용히 고개를 끄덕였다.

"그래요, 한번 해보죠."

유서연은 계약이 끝난 후, 혼잣말을 했다.

"나, 공인중개사 맞지…? 그런데 오늘은 진짜 사람 하나 밀어준 느낌이야."

그날 저녁 수업 시간. 김 교수는 두 사람의 이야기를 듣고 말했다.

"중개는 비즈니스지만, 결국엔 사람입니다. 우리는 공간을 파는 사람이 아니라, 공간에서 삶을 다시 시작할 수 있게 도와주는 사람입니다. 가장 좋은 공인중개사는 가장 많은 매물을 보여주는 사람이 아니라, 가장 깊게 고객을 바라본 사람입니다. 내가 고객을 돕는다고 생각하는 순간, 계약은 숫자가 아니라 의미가 됩니다."

김 교수의 한마디

중개는 결국, 사람이 사람을 돕는 일입니다. 매물을 잇는 게 아니라, 마음을 잇는 일이고, 계약을 따내는 게 아니라, 누군가의 시작을 함께 응원하는 일입니다. 진심은 돌아오고, 당신의 따뜻함이 곧 브랜드가 됩니다.

통찰력은 경험보다
'해석의 방식'에서 나온다

서울 강남 한복판, 바람이 불어오는 저녁.

정민우는 고객과 점포 앞에서 서 있었다. 고객은 20대 후반으로, 유튜브 콘텐츠 제작자를 꿈꾸며 작은 스튜디오 공간을 찾는 중이었다.

"그냥 좀 조용하고, 배경이 예쁘면 좋겠어요. 그런데 위치도 너무 구석이면 또 안 되니까…."

민우는 건물 외벽을 한참 바라보다가 말했다.

"이 건물은 구석이 아니라, 프레임입니다."

"프레임이요?"

"여기서는 뒤쪽 풍경이 그림처럼 들어오거든요. 촬영할 때마다 배경이 자동으로 완성되죠. 조용하지만, 예쁜 뷰를 담고 싶은 분에게는 이 위치가 단점이 아니라 콘셉트가 될 수 있어요."

고객은 눈을 크게 뜨며 웃었다.

"이거… 마치 장소를 해석해주는 디렉터 같네요."

정민우는 순간, 김 교수의 말이 떠올랐다.

'정보는 누구나 전달할 수 있지만, 해석은 당신만의 것이다.'

며칠 뒤 수업 시간.
김 교수는 두 명을 앞에 앉힌 후, 하얀 칠판에 동그라미 세 개를 그렸다.

"이 세 가지를 선으로 어떻게 잇느냐가 통찰입니다."

유서연이 고개를 갸웃했다.

"그런데 교수님, 저 같은 주거 중개 출신은 이런 감각을 금방 익히기 힘든 것 같아요. 다들 말하잖아요. '경력 많으면 감이 있다'고…."
"그건 오해입니다."

김 교수가 단호하게 말했다.

"통찰은 시간의 문제가 아니라 질문의 방식입니다. '왜 이 공간이 고객에게 필요한가?', '이 자리에서 어떤 감정이 생길까?', '고객은 여기서 무엇을 상상할까?', 이런 질문들을 자주 던지는 사람일수록 통찰이 빠르게 자랍니다."

정민우가 손을 들었다.

"그럼 통찰이란 건… 스토리를 보는 눈인 건가요?"
"정확해요."

김 교수는 미소 지으며 말을 이었다.

"공간도 사람도, 결국은 맥락 안에서 존재합니다. 아무리 좋은 입지라도 고객의 니즈와 연결되지 않으면 그건 단순한 숫자에 불과하죠."

그날 수업 후, 유서연은 예전 자신이 소개했던 매물이 떠올랐다. 주차가 편하고 전면이 넓은 1층 매장. 그때는 '조건 좋음'으로 단순 정리했었다. 하지만 다시 보니, 그 자리는 아침 시간엔 출근하는 직장인들로 북적였고, 점심 이후엔 조용해졌다. 그리고 바로 옆에는 독서실이 있었다.

'이 공간… 브런치 카페보다는 공부하는 사람들을 위한 조용한 공간이 더 어울리겠네. 대화 많은 공간보다 조용히 머무는 분위기가 중심이잖아.'

그녀는 블로그에 새 글을 올렸다.

"전면이 넓어 시원한 매장처럼 보이지만, 진짜 매력은 낮 시간의 정적입니다. 주변 독서실, 조용한 주택가, 점심 이후의 고요함이 '혼자 머무는 시간'을 만들 수 있는 구조죠. 조용한 공간을 찾는 콘텐츠 크리에이터, 1인 스터디카페 창업자에게 이 공간은 매출 이상의 '시간의 가치'를 줄 수 있습니다."

다음 날 오후, 한 고객이 찾아왔다.

"선생님 글을 보고 놀랐어요. 다른 공인중개사들은 '광고 잘 되겠다'라고만 했는데, 여기는 조용해서 좋겠단 생각을 처음 하게 되었어요."

김 교수는 그 이야기를 듣고 말했다.

"통찰이란 것은 특별한 능력이 아닙니다. 같은 것을 보고 다르게 질문하는 습관이에요. 경험보다 더 빠른 길은 '관계 연결의 힘'을 기르는 것입니다. '왜 이 매물이 이 사람에게 맞는지', '어떻게 설명해야 그 사람이 상상할 수 있는지', 그것을 끊임없이 생각하는 것. 그게 바로 통찰이고, 고객을 움직이는 결정적인 차이입니다."

김 교수의 한마디

통찰은 특별한 능력이 아닙니다. 같은 공간을 보더라도 '무엇을 연결할 것인가'를 끊임없이 묻는 사람에게, 해석의 힘은 자라납니다. 결국 고객은 조건이 아니라, 당신의 해석을 통해 상상을 시작합니다.

PART
03

실전 중개의 기술은
따로 있다

매물, 임대인, 임차인, 계약까지 흐름을 장악하라

실전은 감정과 흐름의 싸움이다. 눈에 보이지 않는 기
술이 계약을 만든다. 실전 중개의 기술은 따로 있다.

매물 확보는
관계에서 시작된다

"교수님, 진짜 현실적인 질문 하나만 해도 돼요?"

정민우가 손을 번쩍 들었다. 수업이 시작되기도 전이었다.

"요즘 매물이 진짜 없어요. 전화를 돌려도 말도 꺼내기 전에 '안 나왔어요'로 끝이에요. 어디서 구해야 하나요? 진짜 방법 좀 알려주세요."

김 교수는 칠판을 천천히 걸어가며 말했다.

"매물은 정보가 아니라, 신뢰의 결과입니다."

그 말에 수업 분위기가 묘하게 바뀌었다.
김 교수는 화이트보드에 도식 하나를 그렸다.

"여러분, 공인중개사란 '먼저 정보에 닿는 사람'이 아니라 '먼저 관계를 만든 사람'입니다. 상가 매물은 인터넷에 잘 안 떠요. 그 매물은 누군가 마음을 연 순간 조용히 열립니다."

며칠 후, 유서연은 아파트 단지 내 근린상가를 둘러보다가 오래 알고 지낸 관리소장에게 연락했다.

"소장님, 혹시 요즘 공실 있거나 주인분이 고민 중인 곳 있으세요?"
"아, 하나 있긴 해요. 2층 한의원이 이번 달 말로 정리하거든요. 그런데 건물주분이 요즘 컨디션이 별로라 사람을 잘 안 만나시려고 해요."
"그냥 인사만이라도 드릴 수 있을까요? 저도 한의원 퇴점 이후 상권 분위기가 궁금하긴 해서요."

며칠 뒤, 유서연은 건물주를 만났다. 기대하지는 않았지만, 그녀는 준비한 스케치북을 꺼냈다. 거기에는 근처 출점한 업종 분석과 근린상권 유동 인구 변화 그래프가 있었다. 건물주는 말을 아끼다가, 천천히 질문을 던졌다.

"이거… 본인이 직접 조사하신 거예요?"
"네. 제가 이 단지에서 오래 일하다 보니, 사람 흐름이 어떻게 바뀌는지를 꼭 정리해두고 싶었어요."

그날 밤, 건물주는 유서연에게 전화를 걸었다.

"내가 그동안 공인중개사들한테 너무 지쳐 있었던 것 같네요. 그냥 조건 이야기만 하고, 숫자만 들이대니까 말이죠. 그런데 오늘은 좀 달랐어요. 그 자리, 한번 잘 부탁드릴게요."

한편, 정민우는 아직도 '매물 따러 다니는 법'을 고민하고 있었다. 그는 강남구의 작은 상가 빌딩에 명함을 돌리며 돌아다녔지만, 대부분의 응답은 비슷했다.

"없어요."
"공인중개사한테 말한 적 없어요."
"생각 없어요."

그는 풀이 죽은 얼굴로 김 교수에게 물었다.

"어떻게 하면 처음 보는 분과 대화가 자연스럽게 풀릴까요?"

김 교수는 말했다.

"명함은 말보다 늦게 내밀어야 합니다. 그리고 질문은 '정보를 얻기 위한 도구'가 아니라 '관심을 표현하는 언어'가 되어야 해요. 먼저, 이렇게 시작해보세요. '요즘 이 상권에 관심이 많아서요. 건물 분위기가 참 좋아 보이더라고요', 이것은 정보를 얻으려는 말이 아니라, 관심과 인정을 먼저 보내는 거예요."

며칠 뒤 정민우는 다시 상권을 찾았다. 이번에는 아무 말 없이 외벽을 둘러보고, 입주 업종을 수첩에 메모했다. 2층에서 내려오던 중년 남성이 그를 보며 물었다.

"뭐 찾으세요?"

정민우는 눈을 마주치며 자연스럽게 말했다.

"아, 안녕하세요. 이 건물 분위기가 참 좋은데…, 창업자들이 관심 가질 만한 자리 같아서요. 혹시 몇 년 된 건물인가요?"

남자는 웃으며 말했다.

"아, 벌써 15년 됐죠. 그런데 관리 잘해서 새 건물처럼 보이죠?"

그날, 정민우는 뜻밖의 정보를 들었다.

3층 소형 공간이 다음 달에 공실로 바뀔 예정이라는 것이다. 정식 매물은 아니었지만, 건물주가 '그 사람이면 한번 보여주지'라는 마음을 품게 되었다.

김 교수의 한마디

매물은 정보가 아니라, 관계의 열매입니다. 말 잘하는 사람이 얻는 게 아니라, 묵묵히 신뢰를 쌓은 사람이 먼저 듣게 됩니다. 공인중개사는 '자리'를 따는 사람이 아니라, '사람의 마음'을 얻는 사람입니다.

전속 중개 매물,
어떻게 확보할 것인가

정민우는 하루에도 수차례 메일을 보내고, 전화를 걸고, 현장을 뛰었다. 하지만 전속은커녕, 단순한 매물 접수조차 쉽지 않았다. 매번 비슷한 말들만 돌아왔다.

"알아보고 연락드릴게요."
"여러 군데 맡겨놔서요."
"전속 중개는 좀 부담스럽네요."

그 말들 뒤에는 보이지 않는 벽이 있었다. 건물주는 이미 여러 공인중개사에게 실망했거나, 아니면 '전속 중개'라는 말 자체에 거리감을 느끼고 있었다.

정민우는 머리를 쥐어뜯으며 혼잣말했다.

"왜 이렇게 어려운 거지…. 내가 뭘 잘못하고 있는 것일까."

김 교수는 정민우를 조용히 불렀다.

"민우 씨, 전속 중개는 한 번에 받으려고 하면 안 돼요. 신뢰는 단계적으로 쌓이는 거예요. 처음에는 그냥 정보를 드리세요. 그다음에는 현장에 대한 분석을, 그리고 임차인 리스트, 마지막에는 전략. 준비된 사람에게 신뢰가 생깁니다."

며칠 후, 정민우는 다시 압구정 건물주에게 연락했다.

"회장님, 이 전단 한번 봐주세요. 제가 직접 찍은 사진에 제 느낌을 적은 것입니다. 그리고 최근 유사 업종의 임차인 동향도 정리했어요. 혹시 이번 주 중에 5분만 시간 내주시면 설명해드리겠습니다."

정민우는 작은 A4지 한 장에 자신이 생각한 임차인 후보 3명을 요약했다. 이름도 연락처도 없었다. 업종, 상권 분석, 예상 임대료 수준만 담겨 있었다.

건물주는 그것을 보고 처음으로 물었다.

"이 사람들 중에 실제로 의향 있는 사람이 있나요?"
"네, 한 분은 내일 미팅이 잡혀 있습니다. 다만 공간이 아직 '전속 중개'가 아니니, 마음껏 설명해드리기가 어렵습니다."

정민우는 그렇게 말하며 전속 중개의 필요성을 다시 꺼냈다. 강요가 아닌 흐름이었다. 그날 밤, 건물주에게서 문자가 왔다.

"일단 5주 전속 중개 조건으로 한번 해보죠."

그 말 한 줄이 정민우에게는 보상이었다. 하지만 그는 들뜨지 않았다. 이제부터 시작이라는 것을 알고 있었기 때문이다.

유서연 역시 강남역 근처의 작은 상가주택 1층 공실을 맡고 싶어 했다. 건물주는 40대 중반의 세련된 여성이었지만, 말투는 단호했다.

"전속 중개요. 받아놓고 신경 안 쓰는 분들 많아요. 그리고 저는 제가 직접 임차인도 받아보고 싶어요."

유서연은 미소 지으며 말했다.

"대표님, 제가 전속 중개를 요청드리는 것은 통제권 때문이 아닙니다. 책임의 무게를 지기 위함이에요."

그녀는 노트북을 열어 최근 맡았던 유사 매물들의 임대 기간, 광고 횟수, 피드백 기록을 보여주었다.

"이 매물은 구조가 독특하고, 유동 인구는 많지만, 체류형 업종이 더 적합합니다. 일반 공실처럼 광고만 해서는 어렵습니다. 타깃을 정해 집중 마케팅을 해야 합니다."

건물주는 눈을 가늘게 뜨고 물었다.

"타깃이라면…, 예를 들면 어떤 업종을 말하죠?"

"지금 공실 위치는 회색지대입니다. 그래서 F&B보다는 목적형 방문 고객이 있는 브랜드샵, 네일, 미용, 프리미엄 키즈카페가 적합합니다."

그 분석에 건물주는 의외로 고개를 끄덕였다.

"좋아요. 1개월 조건부 전속 중개, 그 대신 매주 중간보고 꼭 해주세요."

그날부터 유서연은 문자, 이메일, 전화를 통해 일일 요약을 보냈다. 클릭률, 피드백, 방문 요청, 경쟁 매물과의 비교 분석까지. 단순한 보고가 아니라 해석이 있었다.

그녀는 매일 저녁, 고객의 눈으로 매물을 바라보고, 마치 자신의 점포를 임대 놓는 심정으로 데이터를 정리했다. 3주 차 즈음, 건물주는 그녀에게 전화를 걸었다.

"다음 달에 임대 나오는 2층 매물을 맡아주세요. 이번에는 처음부터 전속 중개입니다."

그 한마디에 유서연은 스스로를 다잡았다.

'이제부터 진짜 내 이름을 걸고, 책임지는 중개를 해야 할 때야.'

저녁, 정민우와 유서연은 김명식 교수와 조용한 술자리에서 경험을 털어놨다.

정민우가 먼저 입을 열었다.

"교수님, 전속 중개가 설득의 문제가 아니라 흐름이네요. 신뢰가 되는 흐름."

김 교수는 술잔을 내려놓고 말했다.

"그래요. 전속 중개는 결과입니다. 설득의 대상이 아니라 행동의 축적이에요. 고객의 마음을 얻으려고 하지 말고, 고객의 불안을 대신 살아보세요. 그게 진짜 중개입니다."

김 교수의 한마디

전속 중개는 '설득'의 결과가 아니라 '행동'의 누적입니다. 조건을 따지는 대신 불안을 먼저 이해하고, 기대보다 먼저 움직인 사람이 결국 기회를 얻습니다. 전속 중개는 요구하는 것이 아니라, 준비된 자에게 주어지는 '신뢰의 증표'입니다.

현장 체크는 조건보다
'느낌'을 봐야 한다

"여기 좋지 않아요? 위치도 괜찮고, 구조도 깔끔하잖아요."

정민우는 현장 답사를 마치고 돌아오는 길에 유서연에게 말했다. 그녀는 조용히 고개를 끄덕였지만, 한참을 생각에 잠긴 듯했다.

"민우 씨, 나는 뭔가… 이상했어요."
"이상하다고? 어디가요?"
"잘 설명은 안 되는데, 그냥… 공기가 차가웠어요. 매장이 텅 빈 게 아니라, 기운이 없는 느낌."

정민우는 멈칫했다. 그는 수치와 조건 중심의 분석을 중시했고, 지금도 머릿속에는 입지 조건표와 예상 수익률만 가득했다.
그는 이어서 말했다.

"느낌이라… 그건 좀 주관적이지 않아요? 우리는 데이터를 바탕으로 판단해야 하는 거잖아요."

하지만 유서연은 고개를 저었다.

"교수님이 늘 말씀하시잖아요. '좋은 공인중개사는 감각이 먼저 작동하고, 그것을 검증하는 게 데이터'라고. 나, 오늘 처음으로 그 말이 와닿았어요."

그날 저녁, 김 교수는 둘을 불러 앉혔다.

"현장 체크할 때 제일 먼저 보는 것은 뭔가요?"

정민우가 곧바로 대답했다.

"유동 인구, 접근성, 주차 여부, 경쟁 매장…."

김 교수는 고개를 끄덕이다가 유서연을 바라보며 물었다.

"유서연은요?"

유서연은 잠시 망설이다가 말했다.

"사람들 표정이요. 그리고 지나가는 사람들이 멈추는지, 그냥 흘러가는지를 봐요."

김 교수는 빙긋 웃으며 말했다.

"정답은 없어요. 하지만 진짜 계약을 만드는 공인중개사는, 데이터보다 '느낌'을 먼저 봅니다. 그리고 그 느낌이 틀리지 않았다는 것을 나중에야 깨닫죠."

며칠 뒤, 정민우는 평소처럼 한 사무실 공실을 방문했다.

숫자로만 보면 완벽했다. 임대료 수준도 경쟁력 있었고, 바로 옆에는 브랜드 카페도 성업 중이었다. 하지만 정민우는 문득 그날 유서연이 말한 '느낌'이 떠올랐다.

그는 주변을 서성이며 사람들의 동선을 관찰했다. 점심시간인데도 지나가는 사람들 대부분이 골목을 빠르게 지나쳤고, 매장 앞에 머무는 이는 거의 없었다.

'왜일까?'

그는 인근 매장 점주에게 다가가 조심스레 말을 걸었다.

"사장님, 이 건물 1층 공실 있잖아요. 왜 그렇게 오래 공실인지 아세요?"

점주는 웃으며 말했다.

"아, 거긴요… 전에 네다섯 번 업종이 바뀌었는데 다 안됐어요. 이유요? 이상하게 사람들이 그 앞에서 안 멈춰요. 길이 휘어서 시야에서 금방 사라지거든요."

정민우는 그제야 퍼즐이 맞춰졌다. 눈에 안 보이는 '느낌'이 실은, 작은 구조의 흐름과 거리의 감각에서 나왔던 것이었다. 머릿속이 복잡해졌다.

'그동안 난 도면과 수치만 들여다봤지, 매물이 숨 쉬는지, 그 앞에 사람이 서 있었는지는 안 봤구나.'

같은 날, 유서연은 역삼동의 오래된 상가를 찾았다. 외관은 낡았지만, 출입구 앞은 늘 사람들이 북적였다. 그녀는 20분간 그 자리에 서서 사람들의 움직임을 관찰했다. 유모차를 끌고 가는 부모, 퇴근 후 커피 한 잔을 들고 걷는 직장인, 멈춰 선 배달 기사.

그리고 한 가지를 깨달았다. 머물게 만드는 공간에는 흐름뿐만 아니라 '이유'가 있다는 것을. 바람이 들어오는 방향, 빛의 각도, 골목을 통과하는 소리, 그리고 그 앞을 지나가는 사람들의 표정. 매물은 입지보다 먼저 '느낌'을 전하고 있었고, 그 느낌은 복잡한 말이 아니라 직관이었다.

그녀는 김 교수에게 전화를 걸었다.

"교수님, 오늘 본 매물이요. 건물은 낡았지만, 사람들의 표정이 살아 있어요."
"그게 바로 흐름입니다. 건물은 바꿀 수 있어도, 흐름은 못 바꿔요. 그 느낌, 꼭 기억하세요."

다음 날, 두 사람은 다시 김 교수의 연구실을 찾았다.

"교수님, 앞으로 현장에 갈 때마다 느낌 먼저 체크할 거예요. 그리고 그것을 숫자로 설명해보려고요."

김 교수는 고개를 끄덕이며 말했다.

"좋아요. 중개는 감각과 데이터가 만나는 지점에서 시작됩니다. 그게 바로 실전이에요."

김 교수의 한마디

좋은 매물은 숫자로 설명되지 않습니다. 사람의 감각으로 공간을 읽고, '머무는 이유'를 발견하는 공인중개사. 그들이 진짜 계약을 이끌어냅니다.

임대인과 임차인의 입장을
모두 이해해야 한다

"임대인이요? 그 사람 너무 까다로워요. 조건이 자꾸 바뀌고, 입점하는 사람한테 요구도 많고….."

유서연은 계약 성사를 앞두고 긴 한숨을 내쉬었다. 임차인과의 조율은 순조로웠지만, 막판에 임대인의 태도가 돌변했다.

김 교수는 조용히 말을 꺼냈다.

"유서연 씨, 임대인은 까다롭다기보다는… 불안한 것입니다."
"불안이요?"
"그렇죠. 본인 건물을 맡긴다는 것은, 결국 누군가에게 인생의 일부를 위탁하는 거예요. 임대인에게도 그 공간은 단순한 수익원이 아니라 자산이고, 자부심이죠. 거기에는 감정이 있어요."

그 말에 유서연은 잠시 말을 잊었다.

그녀는 그동안 임차인의 입장에서만 세상을 봐왔던 것이다. 매달 임대료를 내고 장사하는 입장. 하지만 임대인도 그 공간을 지키고 싶은 마음이 있다는 것을, 그날 처음으로 깊이 느꼈다.

며칠 뒤, 유서연은 임대인과 임차인 모두를 한 자리에 불렀다. 계약 조율을 위해서였다. 분위기는 다소 팽팽했다.

임차인은 인테리어 비용을 줄이길 원했고, 임대인은 최소한의 원상복구를 요구했다. 중간에서 유서연은 어떻게든 타협점을 찾으려 했다.

그때, 김 교수가 조용히 문을 열고 들어왔다.

"안녕하세요. 다들 얼굴에 고민이 많으시네요."

모두가 일제히 고개를 들었다. 김 교수는 테이블 가운데에 앉으며 말했다.

"제가 하나만 여쭤봐도 될까요? 임대인님, 이 건물은 몇 년 되셨어요?"

"23년 됐습니다. 아버지가 지으신 건물이에요. 제가 대를 이어 관리하고 있죠."

"그럼 이 공간은 단순한 임대수익 이상이겠네요."

임대인은 작게 웃으며 고개를 끄덕였다. 김 교수는 임차인을 바라보며 말했다.

"사장님은 여기에서 창업이 처음이신 거죠?"

"네. 작은 카페를 해보려고요. 예산이 빠듯해서 인테리어가 걱정입니다."

김 교수는 다시 양쪽을 번갈아 보며 말을 이었다.

"임대인은 이 건물을 가족처럼 아끼고 있고, 임차인은 이 공간에서 인생을 새로 시작하려고 합니다. 서로에게 이 공간은 소중한 출발점이에요. 그러니 오늘 이 자리는 조건의 싸움이 아니라, 서로의 마음을 이해하는 시간이어야 합니다."

잠시 정적이 흘렀고, 그 뒤로 대화는 훨씬 부드러워졌다.
임대인은 복구 조건을 조금 완화했고, 임차인은 초기 비용을 조금 더 보태기로 했다. 결국 계약은 성사되었다.

며칠 후, 유서연은 다시 임대인을 찾아가 사후 점검을 하며 물었다.

"사장님, 지난번 계약 이후에는 좀 안심되세요?"

임대인은 고개를 끄덕이며 답했다.

"네. 처음에는 걱정이 많았는데, 공인중개사님들이 제 마음을 이해해 주셔서 다행이었어요."

그 말에 유서연은 가슴이 따뜻해졌다.

'이게 중개의 힘이구나' 하는 생각이 들었다. 단순한 조건 조율이 아니라, 신뢰를 쌓고 마음을 연결하는 일이었음을 다시금 느꼈다.

그날 밤, 김 교수는 세 사람을 다시 불러 모았다.

"오늘처럼 공인중개사가 임대인과 임차인의 입장을 함께 이해하고 배려할 수 있다면, 대부분의 문제는 갈등으로 번지지 않습니다. 계약서에 적힌 문구보다, 계약 전에 주고받은 신뢰가 더 중요해요."

정민우가 고개를 끄덕이며 말했다.

"예전에는 임차인 편만 들어야 하는 줄 알았는데, 이제는 임대인의 마음도 이해하게 되었어요."

"맞아요. 두 사람 다 새로운 출발을 하는 거니까요. 서로 다르지만, 공통의 목표는 '성공'이죠. 그 목표를 잇는 사람이 바로 공인중개사입니다."

김 교수의 한마디

공인중개사는 양쪽의 편이 아닙니다. 임대인의 불안도, 임차인의 설렘도 함께 이해하며 두 마음 사이에 다리를 놓는 사람입니다. 좋은 계약은 조건보다 '이해'에서 시작됩니다.

계약 전 고객 심리를 읽는
세 가지 질문

계약 직전, 유서연은 자꾸만 고객의 표정이 마음에 걸렸다. 표면적으로는 아무 문제가 없는 계약이었다. 보증금, 월세, 입지 등 조건을 모두 체크했다. 하지만 어딘가 찝찝했다.

그녀는 곧장 김 교수를 찾아갔다.

"교수님, 조건은 완벽한데요…. 고객이 자꾸만 망설여요. 이럴 때는 어떻게 해야 하죠?"

김 교수는 서류를 덮고 고개를 들었다.

"유서연 씨, 고객이 멈춰 있을 때는, 먼저 그 '멈춤의 이유'를 물어야 합니다."
"그게… 잘 안 보이는데요."

"세 가지 질문을 던져보세요. '첫째, 왜 지금 결정을 못 하시는 건가요?, 둘째, 이 공간에서 어떤 그림을 그리고 계신가요?, 셋째, 이 계약이 마무리된 후 가장 걱정되는 것은 무엇인가요?'"

며칠 전 정민우도 비슷한 상황을 겪었다. 계약까지 순조로웠지만, 고객은 마지막에 갑자기 말을 아꼈다.

김 교수는 그에게도 같은 세 가지 질문을 권했다.

정민우는 그 질문을 들은 다음 날, 다시 고객을 만났다.
그는 계약서 대신, 가벼운 커피를 먼저 내밀며 말을 꺼냈다.

"사장님, 혹시 지금 망설이시는 이유가 있으실까요?"

고객은 잠시 눈을 피하더니 말했다.

"사실… 너무 쉽게 결정되는 게 찜찜해서요. 뭔가 놓친 건 아닌지 모르겠어요."

그 순간, 정민우는 두 번째 질문을 꺼냈다.

"여기서 어떤 그림을 그리셨는지, 처음 생각하신 모습이 어떤 것인지 궁금합니다."

고객은 눈빛이 달라졌다. 그는 자신의 가게가 사람들로 붐비고, 커피 향이 가득한 모습을 이야기했다. 이야기의 결은 단순한 공간 이상이었다. 삶의 전환점이었다.

마지막으로 정민우는 말했다.

"이 계약이 마무리된 후, 혹시 가장 걱정되시는 부분이 있다면요?"

고객은 조용히 입을 열었다. 첫 창업이라 가족의 반대가 심했고, 수익에 대한 불안이 컸다는 이야기였다. 계약을 가로막고 있었던 것은 수치가 아닌 감정이었다.

다시 유서연. 그녀는 고객과 마주 앉아 세 가지 질문을 하나씩 던졌다. 그리고 마침내 고객의 깊은 속내에 닿을 수 있었다.

고객은 표정을 풀며 말했다.

"사실은요, 이곳에 가게를 내는 게 제 오랜 꿈이었어요. 그런데 막상 눈앞에 두니 두려워졌어요. 내가 잘 해낼 수 있을까, 그게 겁났어요."

그날 계약은 성사되었다. 하지만 더 중요한 것은 유서연 스스로가 '질문을 통해 고객의 진짜 고민을 함께 나누는 중개'를 경험했다는 점이었다.

며칠 후, 그녀는 자신의 노트에 조용히 글을 남겼다.

'나는 이제 숫자보다 감정을 먼저 읽는다. 계약서에 서명하기 전에 나는 고객의 마음을 먼저 마주한다. 그게 진짜 중개다.'

그날 밤, 김 교수는 두 제자의 보고를 들으며 조용히 미소 지었다. 그는 그들이 이제 중개의 기술을 넘어, 중개의 철학에 닿기 시작했다는 것을 느꼈다.

"두 사람 다, 잘 해냈군요. 고객이 계약서에 사인하는 것은 감정이 해소된 뒤에야 가능합니다. 숫자는 마지막입니다. 마음이 먼저죠."

김 교수의 한마디

계약은 숫자가 아니라 감정의 문을 통과한 뒤에야 가능해집니다. 좋은 공인중개사 조건을 설명하는 사람이 아니라, 질문을 통해 고객의 망설임을 함께 건너는 사람입니다. 묻고, 기다리고, 공감할 때, 비로소 계약은 '사람과 사람' 사이에서 완성됩니다.

리스크 설명은
의무가 아닌 전략이다

"이 매물은 가성비가 아주 좋습니다. 임대인도 협조적이고요."

정민우는 열정적으로 설명했지만, 고객의 반응은 시큰둥했다. 그는 뒤늦게 눈치챘다. 고객이 궁금한 것은 '좋은 이야기'가 아니라 '불안한 이야기'였다.

그 순간, 그가 놓치고 있던 게 보였다.
그날 저녁, 그는 김 교수를 찾아가 고민을 털어놓았다.

"교수님, 아무리 잘 설명해도 고객이 마음을 안 열어요."

김 교수는 조용히 찻잔을 내려놓았다.

"정민우 씨, 고객이 궁금해하는 것은 리스크입니다. 좋은 이야기보다 나쁜 이야기가 먼저예요. 그것을 어떻게 전달하느냐가 실력입니다. 고객은 칭찬보다 경고에 귀를 기울이니까요."

며칠 뒤, 유서연은 낡은 상가 건물의 중개를 맡았다. 보증금은 저렴했고, 위치도 나쁘지 않았다. 하지만 구조가 복잡하고, 배수시설이 오래된 것이 약점이었다. 예전 같으면 감췄을지도 모른다. 하지만 이번에는 달랐다.

그녀는 상담 초반부터 조용히 말했다.

"사실 이 건물은 구조가 조금 복잡하고, 배수도 리모델링이 필요합니다. 보증금이 낮은 이유도 바로 그것 때문입니다."

고객은 놀란 듯 유서연을 바라봤다. 하지만 곧 고개를 끄덕이며 말했다.

"그 부분을 먼저 짚어주셔서 더 신뢰가 가네요."

그날 이후, 유서연은 바뀌었다.
단점은 숨기는 게 아니라 먼저 꺼내놓는 것임을 체감했다. 고객과의 신뢰는 미묘한 불안까지 솔직하게 드러낼 때 생긴다는 것을 깨달았다. 그녀는 이제 매물을 조사할 때 장점보다 단점을 먼저 메모했고, 고객 상담 전, 그 단점을 어떻게 이야기할지 시뮬레이션을 해두기 시작했다. 이 변화는 곧 계약률로 나타났다.

며칠 뒤, 김 교수는 제자 둘을 불러 실전 상황을 시뮬레이션하며 물었다.

"이 매물은 주차장이 좁고 천장이 낮습니다. 여러분은 이것을 어떻게 설명하시겠습니까?"

정민우가 먼저 입을 열었다.

"가장 먼저, 그 두 가지 단점을 말씀드리겠습니다. 그리고 그 단점이 감수될 수 있는 사용 목적이 있는 고객군을 찾겠습니다."

김 교수는 고개를 끄덕였다. 이어 유서연이 답했다.

"저는 상담 전, 고객이 공간에 대해 중요하게 여기는 기준이 무엇인지부터 파악하겠습니다. 그 후 리스크를 짚어드리고, 그 리스크를 어떻게 완화할 수 있는지까지 이야기해드리겠습니다."
"좋습니다. 리스크 설명은 단순한 고지가 아닙니다. 문제를 먼저 짚고, 그 문제를 해결할 수 있는 구체적인 제안까지 연결해야 전략이 됩니다."

그날 밤, 정민우는 자신이 중개했던 오래된 지하상가 매물을 떠올렸다. 누군가에게는 절대로 선택하지 않을 공간이었지만, 누군가에게는 최고의 입지가 될 수 있었다.

그는 문득 떠올렸다. 과거 자신이 계약을 놓쳤던 또 다른 현장. 그때도 그는 장점만 강조했고, 고객이 떠난 후에서야 단점을 언급했다. 그것이 신뢰를 무너뜨리는 지름길이었단 것을 지금은 알았다.

유서연 또한 마찬가지였다.

리스크를 먼저 말할수록 고객은 '이 사람은 나에게 거짓말하지 않겠다'라는 확신을 가지게 된다는 것을 현장에서 직접 체감했다. 그리고 그 구분의 출발점은, 리스크를 '솔직하게' 보여주는 데서 시작된다는 사실도.

김 교수의 한마디

공인중개사는 매물의 장점을 알리는 사람이 아니라, 단점까지 신뢰로 바꾸는 사람입니다. 리스크를 감추면 고객은 불안을 키우고, 리스크를 먼저 짚으면 신뢰가 시작됩니다. 설명은 정보가 아니라 전략이어야 합니다.

중개는 매물보다
'흐름'에 강한 사람이 이긴다

"매물이 좋으면 계약은 당연한 거 아닌가요?"

정민우는 또다시 의문에 빠져 있었다. 그는 자신 있게 소개했던 매물을 두 번 연달아놓쳤다. 분명 조건도 훌륭했고, 가격도 경쟁력이 있었지만, 계약은 이루어지지 않았다.

"뭔가 흐름이 어긋나버린 느낌이에요."

김 교수는 그의 말을 듣고 조용히 고개를 끄덕였다.

"중개는 정보 싸움이 아니라, 흐름 싸움입니다. 좋은 매물도 흐름을 잃으면 무용지물입니다. 매물은 정적이지만 흐름은 생물처럼 움직입니다."

유서연 역시 유사한 경험을 하고 있었다.

신규 창업자 고객과 점포를 돌며 호감을 샀지만, 결정 직전에 갑자기 연락이 끊겼다. 그녀는 스스로를 돌아보았다.

'혹시 내가 너무 매물 설명만 했나?'

그날 밤, 김 교수와의 대화가 떠올랐다.

"유서연 씨, 고객은 매물에 반응하는 게 아닙니다. 고객은 지금 내 마음이 읽히는가를 봐요."

그 말은 마치 해답 같았다. 그녀는 그제야 깨달았다.
고객은 정보가 아니라 '타이밍과 감정 흐름'에 움직인다는 것을.

그녀는 과거 자신이 매물 설명에만 집중하고, 고객의 눈빛이나 말의 흐름을 놓쳤던 순간들을 떠올렸다. 고객이 시계를 한번 쳐다봤을 때, 표정이 굳어졌을 때, 그때 그녀는 무심코 설명을 계속하고 있었다.

'내가 고객의 감정을 보지 못하고 있었구나….'

며칠 후, 두 사람은 함께 현장을 동행하게 되었다. 김 교수는 현장에 도착하자마자 매물을 설명하지 않았다. 오히려 고객과의 눈 맞춤부터 시작했다.

"오늘 오시느라 고생 많으셨죠? 혹시 주차는 괜찮으셨어요?"

처음 5분 동안은 매물 이야기가 나오지 않았다. 대신, 고객의 표정과 말투를 관찰하고, 고객의 하루에 귀 기울였다. 그 이후 매물 설명은 짧고 핵심만 전해졌다. 고객은 놀랍도록 집중했고, 그 자리에서 계약 의사를 밝혔다.

현장에서 나오는 길, 유서연이 물었다.

"교수님, 어떻게 그렇게 고객 흐름을 바로 읽으세요?"

김 교수는 웃으며 답했다.

"그건 기술이 아니라 습관입니다. 고객보다 한 박자 늦게 말하고, 두 박자 빠르게 마음을 읽는 습관. 이게 바로 흐름입니다."

김 교수는 계약이 끝난 후 말없이 두 사람을 바라봤다.

"고객이 어떤 감정선에 있는지, 어디서 집중이 깨졌는지, 지금 마음 속에 어떤 망설임이 있는지, 그것을 먼저 읽어내는 게 중개의 기술이에요. 말로 끌고 가는 게 아니라, 흐름을 함께 타는 것입니다."

그러자 정민우가 물었다.

"그럼 타이밍도 중요하겠네요?"
"매우 중요하죠. 말 잘하는 사람이 아니라, 타이밍을 아는 사람이 계약을 합니다."

정민우는 그날 이후 고객과의 첫 만남에서 '이 사람이 오늘 어떤 하루를 보냈는가?'를 묻기 시작했다. 유서연은 고객의 말투와 속도를 따라가며 질문의 순서를 조절했다. 이 작은 변화들이 결국, 계약률의 차이를 만들었다.

어떤 고객은 마음이 급하고, 어떤 고객은 느긋하며, 어떤 고객은 머릿속 계산보다 감정에 의존한다. 공인중개사는 그 흐름을 읽고, 함께 유연하게 움직여야 한다.

그리고 두 사람은 하나의 공통된 습관을 가지게 되었다.
계약 전에는 항상 '침묵의 시간'을 가졌다. 매물 설명이 끝난 뒤, 고객이 생각할 수 있는 시간을 주는 것이다.

"기다림도 중개의 일부입니다."

김 교수의 말은 그들의 일상에 깊게 스며들었다.

며칠 뒤, 정민우는 한 매물을 소개하면서 고객의 눈빛이 순간 흐려지는 것을 포착했다. 바로 매물 설명을 멈추고, 다른 이야기로 전환했다.

"혹시 방금 말씀드린 내용에서 부담스러운 부분이 있으셨을까요?"

고객은 놀란 눈빛으로 말했다.

"어떻게 아셨어요? 사실… 제가 이전에 상가 계약하면서 좀 안 좋았던 기억이 있어서요."

정민우는 그 자리에서 매물 설명을 멈추고, 고객의 감정을 먼저 풀어주는 대화로 전환했다. 결국 그 고객은 며칠 후 다시 찾아와 계약을 체결했다.

그는 깨달았다. 계약은 정보가 아니라 흐름의 공감에서 만들어진다는 것을. 고객의 입장을 먼저 공감하고, 흐름을 놓치지 않는 사람이 진짜 실력자였다.

김 교수의 한마디

중개는 정보를 앞세우는 싸움이 아니라, 흐름을 함께 타는 예술입니다. 고객의 말보다 표정을 먼저 읽고, 매물보다 마음을 먼저 살피는 공인중개사가 진짜 계약을 만듭니다.

실력 있는 공인중개사는 과정에서 감정을 관리한다

"이 일은요, 감정이 전부입니다."

김 교수는 자리에 앉으며 조용히 말했다. 정민우와 유서연은 서로 눈빛을 마주쳤다. 오늘의 주제가 무엇인지, 그 말 한마디로 직감했다.

며칠 전, 유서연은 고객과의 계약 직전 상황에서 작은 실수를 했다. 계약서 작성 도중 고객이 예상보다 높은 인테리어 비용에 대해 불만을 표출했을 때, 그녀는 방어적으로 말했다.

"그건 보통 이 정도 수준이면 나오는 금액입니다."

그 말 이후 고객의 얼굴이 굳었고, 결국 계약은 보류되었다. 그녀는 돌아오는 길에 무거운 마음을 감출 수 없었다. 그날 밤, 그녀는 한참을 침대에 누워 있었다.

'왜 그 순간, 나는 고객의 감정을 먼저 읽지 못했을까.'

계산기처럼 말한 자신의 모습이 자꾸 떠올랐다.

정민우 역시 비슷한 일을 겪었다.
임대인과 임차인 사이에서 작은 의견 차이를 조율하지 못하고 감정이 격해지도록 방치한 탓에, 서로 등을 돌려 계약이 무산된 것이다. 그날 현장을 떠나오며 그는 깊은 자책에 빠졌다.

'조금만 더 침착했더라면… 조금만 더 천천히 대화했더라면….'

그날 두 사람은 김 교수를 다시 찾아갔다. 커피숍 한편에 앉은 김명식 교수는 말없이 그들의 얼굴을 바라보았다.

"중개는 정보를 전하는 게 아닙니다. 감정을 전달하고, 감정을 다루는 기술이에요."

김 교수는 커피잔을 내려놓으며 말을 이었다.

"계약서 쓰는 그 순간보다, 감정이 오가는 '과정'이 더 중요합니다. 그 과정에서 감정을 조절하고, 균형을 잡아주는 사람이 진짜 실력자죠."

유서연은 한참 동안 가만히 있었다.

"교수님, 그런데 그게 정말 어려워요. 저는 자꾸 제 입장을 설명하고 싶어져요."

"그게 바로 초보자의 특징입니다. 설명은 내 중심이고, 관리란 상대의 감정을 먼저 보는 것입니다."

정민우가 고개를 끄덕였다.

"결국, 계약은 논리가 아니라 감정으로 움직이는 거군요."
"맞아요. 감정이 격해진 순간, 아무리 조건이 좋아도 계약은 무너집니다. 그 감정을 다룰 수 있어야 진짜 계약을 이끌 수 있어요."

그날 이후, 두 사람은 '감정 일지'를 쓰기 시작했다.
오늘 어떤 고객이 있었고, 그 고객이 어떤 감정의 흐름에 있었는지를 기록했다. 어느 지점에서 긴장을 느꼈고, 어떤 말에 마음이 열렸는지. 그 기록은 마치 중개의 지도 같았다.

반복되는 패턴 속에서, 고객의 감정은 예측 가능한 흐름을 보이기 시작했다.
유서연은 일지에 이렇게 적었다.

'감정은 숫자보다 빨리 변한다. 그래서 말보다 먼저 읽어야 한다.'

정민우는 자신의 노트에 밑줄을 그었다.

'감정이 흔들릴 때, 나는 설명이 아니라 질문을 던진다.'

다음 현장. 임차인이 급히 나가야 하는 상황이라 긴박했지만, 임대인은 지나치게 신중했다. 유서연은 숨을 깊게 들이쉬고, 먼저 감정을 눌렀다.

"임대인님, 제가 조율해보겠습니다. 한 걸음만 양보해주시면, 서로에게 좋은 결과가 나올 것입니다."

그 말에 임대인의 표정이 풀렸고, 이후 계약은 순조롭게 마무리되었다.

정민우도 한 고객이 점점 예민해질 때, 잠시 말을 멈추고 천천히 물었다.

"지금 혹시, 뭔가 마음에 걸리는 게 있으신가요?"

고객은 놀라듯 고개를 끄덕이며 자신의 우려를 이야기했다. 그날 계약은 체결되었고, 고객은 정민우에게 이렇게 말했다.

"제가 이 계약을 했던 가장 큰 이유는요… 제 감정을 먼저 봐주신 게 처음이라서요."

"계약은 감정의 정리예요."

김 교수의 마지막 말은 늘 짧지만 깊었다.

"정보보다 감정을 먼저 다루는 공인중개사만이, 마지막 서명을 받는 사람이 됩니다."

그날 이후, 두 사람은 달라졌다.

유서연은 설명을 멈추고, 고객의 감정을 먼저 살피는 버릇이 생겼다. 정민우는 계약보다 과정을 더 중요하게 생각하며, 대화의 온도를 조절하는 법을 익혔다.

김 교수의 한마디

중개는 계약서로 끝나지 않습니다. 과정을 설계하고 감정을 조율하는 사람만이 진짜 서명을 이끌어냅니다. 실력 있는 공인중개사는 정보보다 사람의 마음을 먼저 읽습니다.

신뢰가 쌓이는 중개는
다르다

계약보다 관계 중심 사고가 장기 수익을 만든다

고객은 '한 번'이 아닌 '다시'를 만든다. 관계가 쌓이
면 수익은 따라온다. 신뢰가 쌓이는 중개는 다르다.

고객이 떠난 뒤에도
다시 돌아오게 만드는 힘

비 오는 날이었다. 커피잔 너머로 창밖을 바라보던 유서연은 한 통의 전화를 받았다.

"안녕하세요, 저… 지난번에 계약 못 했던 이정호입니다."

그 순간, 그녀의 가슴이 철렁 내려앉았다. 몇 달 전, 성사 직전까지 갔던 임대차계약이 고객의 돌연한 철회로 무산된 일이 떠올랐다.

"아… 네. 잘 지내셨죠?"

조심스럽게 말을 잇자, 상대방이 말했다.

"그때 계약 안 한 거, 지금도 좀 후회됩니다. 시간이 지나고 보니… 그 설명이 맞더라고요."

고객은 떠나기도 하고, 돌아오기도 한다. 하지만 돌아오는 고객은 단 하나의 이유 때문에 다시 전화를 건다.

'신뢰'

그날, 김 교수는 이런 말을 했다.

"좋은 중개는 계약을 남기는 게 아니라, 기억을 남깁니다."

그 말을 들은 정민우는 고개를 끄덕이며 혼잣말처럼 말했다.

"기억은 설명으로 남지 않죠. 감정으로 남죠."

과거 계약 직전까지 갔다가 무산된 고객에게 유서연은 마지막까지 차분한 태도로 감정을 존중해주었다. 그리고 무엇보다, 그 고객이 돌아간 뒤에도 연락을 먼저 하지 않았다.

"시간이 필요하실 것 같아서요. 제 말보다 고객님의 판단이 더 중요하니까요."

그 말은 진심이었고, 고객은 그 태도를 기억한 것이다. 고객은 계약 실패를 경험하며, 누가 진정으로 나를 생각해줬는지를 마음속 깊이 새긴다. 유서연은 그때, 중개가 '계약 성사'보다 더 깊은 차원의 일이 될 수 있음을 실감했다.

정민우 역시 한 번의 실패를 겪은 뒤, 고객 관리 방식이 바뀌었다. 이

전에는 계약이 무산되면 곧바로 포기하거나, 다시 설득하려는 조급한 태도를 보였다.

하지만 김 교수의 조언을 듣고 나서부터는, '관계를 관리한다'라는 마음으로 전환했다. 계약이 불발되더라도, 그 고객에게 도움이 될 만한 정보가 있으면 간단한 문자 한 통을 남겼다.

"강남역 근처 비슷한 매물이 나왔습니다. 혹시 필요하시면 참고하시라고 보내드립니다."

그 메시지에 고객이 바로 답장을 하지 않더라도, '이 사람이 날 잊지 않았구나'라는 감정을 남기는 것만으로 충분했다. 그 작은 메시지 하나가 씨앗이 되어 몇 달 뒤, 예상치 못한 순간에 고객으로부터 다시 연락이 왔다.

"정 팀장님, 예전에 소개해주셨던 매물 기억나세요? 지금은 상황이 좀 달라졌는데, 혹시 비슷한 매물 또 있을까요?"

고객은 단기 기억으로 움직이지 않는다. 감정의 축적이 쌓인 곳으로 다시 돌아온다.

김 교수는 이렇게 말했다.

"계약서보다 마음속에 먼저 서명을 받으세요. 그게 남는 장사입니다."

고객과의 관계는 거래가 아닌 기억의 지속이다. 그 기억은 속도가 아닌 깊이에서 생긴다.

며칠 뒤, 유서연은 다시 찾아온 고객과 계약을 성사시켰다. 놀라운 것은 고객이 그 자리에서 이렇게 말한 것이다.

"그날 저한테 뭐라고 하지 않으셔서… 사실 그게 잊히질 않았어요. '저 사람은, 거래가 안 되어도 사람을 존중하는구나!' 싶었죠."

그 말을 들은 유서연은 순간, 뭉클해졌다. 그것은 단순한 계약이 아니라, 누군가에게 신뢰를 얻은 순간이었다. '중개란, 사람이 사람을 대하는 일이구나. 그래서 떠난 고객도, 다시 돌아올 수 있구나.'

그날 이후, 유서연은 '관계의 주기'를 기록하기 시작했다. 매물의 조건보다 고객의 감정 흐름을 메모하는 것이 훨씬 더 중요한 작업이라는 것을 깨달았기 때문이다.

🏠 김 교수의 한마디

떠난 고객이 다시 돌아오는 것은 조건이 아닌 기억의 깊이 때문입니다. 계약은 잊혀도, 존중은 남습니다. 중개는 거래가 아니라, 사람과 사람 사이의 신뢰를 남기는 일입니다.

한 번 거래한 고객과
평생 가는 고객의 차이

"김 교수님, 다시 찾아오는 고객은 어떤 공통점이 있나요?"

정민우가 조심스럽게 물었다. 어느 늦은 저녁, 김 교수와 유서연, 정민우는 함께 족발집 작은 테이블에 둘러앉아 있었다. 하루를 마무리하며 맥주잔을 부딪치던 그때, 문득 튀어나온 질문이었다.

김 교수는 잔을 내려놓고 정민우를 바라봤다.

"민우 씨. 고객이 돌아온다는 것은, 그 사람이 나를 '기억하고 있다는 것'이야. 그리고 그 기억이, 나쁜 게 아니었다는 뜻이지."

유서연이 고개를 끄덕였다. 그녀도 같은 생각이었다. 단 한 번의 계약이라 해도 그 순간을 어떻게 마무리했는지가 평생을 결정짓는다.

"나는 늘 고객이 떠나는 뒷모습을 본다네. 그들이 돌아설 때 얼굴에 어떤 표정이 있는지를 기억해. 그게 다음 계약을 만들지."

다음 날, 유서연은 지난달 계약했던 꽃집 사장님에게 연락을 했다.

"가게 오픈 준비 잘 되세요? 필요한 거 있으면 언제든 연락 주세요."

그날 저녁, 그 고객은 문자로 감사 인사를 보냈다. 사소한 안부였지만, 그녀는 그 메시지 속에 미래의 계약이 담겨 있다고 느꼈다.

정민우 역시 그 주에 계약했던 카페 사장님에게 직접 들러 커피를 한 잔 사 마셨다.

"다시 찾아와주셔서 감사합니다."

사장님은 웃으며 말했다.

"정 소장님, 다음에도 여기 자리는 꼭 부탁드릴게요."

한 번의 거래는 숫자지만, 평생의 거래는 기억이다. 고객의 마음에 '좋은 사람'으로 남아 있는 것. 그것이, 다시 찾아오게 만드는 힘이었다.

며칠 뒤, 김 교수는 두 사람에게 자신의 경험담을 들려줬다.

"예전에 내가 중개를 맡았던 한 고객이 있었어. 아주 꼼꼼하고 까다로운 분이었지. 계약 끝나고도 연락이 없길래 '다신 안 오겠구나' 싶었는데, 1년 뒤에 그분이 전화를 했어. '김 교수님, 그때 참 정성스러우셨 잖아요. 그래서 이번에도 꼭 부탁드리고 싶어요.' 그 말이 아직도 기억에 남네."

유서연은 그 이야기를 듣고 그날 밤, 다이어리에 한 줄을 적었다.

'기억에 남는 사람이 되자.'

그녀는 그 후로 계약이 끝난 고객에게 작지만 정성스러운 손 편지를 써보기로 결심했다. 처음에는 시간과 비용이 아깝게 느껴졌지만, 고객 반응은 놀라웠다.

'감동받았습니다'라는 답장을 받은 날, 그녀는 울컥했다. 이 작은 진심이 고객의 마음을 흔들 수 있다니.

정민우도 변했다. 이제 그는 계약이 끝나면 반드시 고객의 사업장에 직접 찾아가 안부를 묻는다.

"어떻게 지내세요? 혹시 불편하신 건 없으세요?"

이 간단한 인사가 중개 이후의 관계를 단단하게 만들어갔다.
그리고 결국, 이런 관계는 공인중개사의 브랜드가 된다. 고객은 단지 집이나 상가를 산 게 아니다. 자신을 기억해주는 사람, 챙겨주는 사람, 마음을 나눈 사람을 '내 공인중개사'로 여긴다.
한 번의 계약은 단기 수익이지만, 관계는 장기 수익이다. 그리고 그 장기 수익은 감정의 잔상 위에 세워진다.

정민우는 다시 메모장에 적는다.
'계약은 끝이 아니라 시작이다.'

유서연은 다시 다이어리에 적는다.
'사람을 얻는 공인중개사로 남고 싶다.'

그리고 김 교수는 잔을 들며 마지막으로 한마디 덧붙였다.

"기억에 남는 사람이 되려면, 계약서보다 마음을 먼저 써야 해."

 김 교수의 한마디

한 번의 계약은 숫자지만, 평생의 관계는 기억입니다. 떠난 고객이 다시 돌아오는 것은 그 순간 내가 어떤 사람으로 남았는가에 달려 있습니다. 계약서보다 먼저, 고객의 마음에 서명하세요.

단골고객을 만드는
계약 이후의 행동

"교수님, 계약은 잘 마쳤는데… 그다음은 뭘 해야 하나요?"

유서연이 물었다. 계약을 마치고 나면 마음이 한결 가벼워지는 동시에, 뭔가 놓친 것 같아 늘 찝찝했던 그녀의 오래된 고민이었다.

김 교수는 웃으며 말했다.

"계약서에 도장이 찍혔다고 관계가 끝나는 게 아니야. 진짜 중개는 그다음부터 시작되는 거지."

정민우도 고개를 끄덕였다.

"요즘에는 고객들이 연락이 잘 안 오더라고요. 계약할 때는 분명 좋아했는데 말이죠."

"그건 관계의 여운을 남기지 못했기 때문이야. 계약 후 고객은 종종 외로워. 아무도 관심을 갖지 않는 순간에, 한 사람이 연락을 하면 그게 감동이 되지."

김 교수의 그 말은 곧 실천으로 이어졌다.

유서연은 계약 후 일주일이 지나면 안부 문자를 보내기로 했고, 한 달이 지나면 사업장에 직접 방문해 커피 한 잔을 사기로 결심했다.

정민우는 고객의 개업일이나 기념일을 기록해두기 시작했다. 그날이 되면 작은 선물이라도 전달했다.

"공인중개사님, 이걸 기억해주셨네요?"라는 반응이 돌아올 때마다, 그는 뿌듯함과 함께 단골고객이 만들어지는 감각을 느꼈다.

어느 날, 유서연이 방문한 분식집 사장님은 이렇게 말했다.

"유서연 소장님은 계약 끝나고도 계속 저를 챙겨주시잖아요. 주변에 누가 상가 찾는 사람 있으면 무조건 연결해드릴게요."

그날 저녁, 김 교수는 두 사람과 커피를 마시며 또 하나의 실전 사례를 들려주었다.

"예전에 거래한 고객 중 한 분은 계약 후 별말 없이 헤어진 분이었어. 그런데 내가 정기적으로 주변 상권 분석 자료를 보내줬거든. 6개월 뒤에 전화가 왔지. '교수님, 이번에 점포 하나 더 보려고요.' 자료 하나가 다음 계약을 만들었다는 이야기지."

다음 날, 유서연은 고객을 위해 월간 뉴스레터 형식의 '소상공인 트렌드 리포트'를 만들기 시작했다. 계약했던 점포들의 상권 분위기나 새로운 업종 트렌드를 간략하게 정리한 리포트였다. 의외로 반응은 좋았다.

'이런 자료를 받으니 든든하네요.', '다음 점포 옮길 때는 꼭 연락드릴게요.' 고객들로부터 메시지가 쏟아졌다.

정민우는 고객별로 전용 관리 파일을 만들었다. 이름, 업종, 계약일자, 주요 요청사항, 기념일까지 정리해서 매주 한 번씩 체크했다. 이전에는 생각지도 못한 방법이었지만, 김 교수의 말대로 하나하나 관리해나가니 고객과의 유대감이 훨씬 단단해지는 느낌이었다.

계약 이후, 고객의 SNS 계정을 팔로우하거나, 새로 올라온 게시물에 '좋아요' 하나를 누르거나, '응원합니다'라는 댓글을 다는 것만으로도 신뢰가 차곡차곡 쌓였다. 그렇게 작은 행동들이 쌓여 관계가 되고, 관계가 신뢰가 되고, 신뢰가 수익이 된다.

정민우는 그날 밤 이렇게 메모했다.

'계약은 업무의 끝이 아니라 관계의 시작이다. 고객의 기억 속에 남는 사람이 되자.'

유서연은 다이어리 한쪽에 이렇게 썼다.

'오늘 내가 한 행동이, 다음 계약을 만든다. 관계는 끝이 아니라 순환이다.'

그날 이후, 두 사람은 계약 후의 30일을 따로 관리하기 시작했다.

'계약 후 7일 - 첫 안부 문자', '계약 후 15일 - 방문 및 선물', '계약 후 30일 - 후기 요청 및 다음 연결 고리 만들기'라는 루틴이 만들어졌다.

그리고 3개월 후, 유서연은 예전에 계약했던 고객으로부터 이런 전화를 받았다.

"소장님, 저희 형님이 자영업 준비 중인데… 지난번에도 참 잘 도와주셔서 이번엔 꼭 소장님께 맡기라고 했어요."

추천은 신뢰의 가장 강력한 증거다. 단골은 곧 자산이다. 계약 이후의 태도가 공인중개사의 '두 번째 명함'이라는 것을, 이제야 두 사람은 온몸으로 깨닫고 있었다. 그것은 결국, 계약보다 더 긴 호흡의 일이었다. 진심으로 쌓은 관계는, 광고비 없이도 다음 고객을 데려다주는 힘이 되었다.

📋 김 교수의 한마디

계약은 끝이 아니라, 진짜 관계의 시작입니다. 계약서에 도장을 찍었다면 이제 고객의 기억 속에 남을 준비를 하세요. 작은 안부 하나, 진심 어린 관심 하나가 평생 고객을 만드는 씨앗이 됩니다.

고객과의 감정 온도를
유지하는 법

그 무렵 유서연은 '고객 감정 지표'라는 이름의 표를 만들었다. 각 고객의 반응, 관심사, 대화 내용 등을 숫자가 아닌 온도로 표현했다. '미지근함', '따뜻함', '끓는점', '식어감' 등 감성적인 표현으로 정리한 리스트였다. 고객 대응 매뉴얼은 없지만, 감정의 흐름을 파악하는 나침반이 되어주었다.

김 교수는 그것을 보며 웃으며 말했다.

"드디어 진짜 실무자가 됐구나. 데이터를 분석하는 것도 좋지만, 결국 중요한 것은 그 사람의 마음이지."

정민우는 기존 고객 중 한 분에게 연락을 주저하고 있었다.
이전 계약에서 서로 오해가 있었기 때문이다. 하지만 그는 용기를 내어 '그간 마음에 남았던 것'을 담은 손편지를 썼다. 며칠 뒤, 고객에게

서 온 메시지에는 이렇게 적혀 있었다.

"그때 일이 저도 마음에 걸렸는데, 이렇게 먼저 연락해주셔서 고맙습니다."

감정 온도는 때때로 회복할 수 있다. 진심은 늦더라도 결국 닿는다.

유서연은 일기를 쓰듯 하루의 고객 대응을 기록하며 말했다.

"사람을 상대하는 일이 이렇게 깊을 줄은 몰랐어요. 중개는 계약보다 사람이 먼저라는 말이 이제야 와닿아요."

그날 밤, 세 사람은 조용히 상권 근처 카페에 앉아 한 주를 정리했다. 각자의 고객, 각자의 온도, 각자의 진심. 그들은 계약을 넘어 사람을 이어주는 직업인이 되어가고 있었다. 감정의 온도를 조절하는 데는 또 다른 방식도 있다.

유서연은 어느 날 '고객별 에피소드'를 정리하기 시작했다.
계약 당시 있었던 웃긴 상황, 고객이 말했던 인상적인 한마디, 자녀 이름이나 가게 이름에 얽힌 의미 등. 이런 사소한 정보들이 어느 날 큰 힘이 된다는 것을 김 교수에게 배웠기 때문이다.

"정보보다 기억이 중요해요. 고객은 자기를 기억해주는 사람에게 마음을 줍니다."

김 교수는 예전에 한 번 고객이 계약하고 이사할 때, 포장이사 업체를 따로 소개해준 적이 있다. 그 고객은 이후 무려 네 명의 지인을 소개했다. 이유는 단 하나. '중개가 끝난 뒤에도 사람 냄새 나는 연락을 해줬다'라는 것이었다.

정민우는 자신이 거래했던 고객 중 하나가 지역 맘카페에서 본인을 언급했다는 이야기를 듣고 깜짝 놀랐다.

"정민우 소장님은 계약하고도 아이가 아플 때 약국 위치까지 알려줬다"라는 후기였다. 별것 아니었던 행동이, 입소문이라는 거대한 파도를 만들어낸 것이다.

"사소한 행동이 진심이면, 고객은 그걸 꼭 기억해."

김 교수는 강조했다.

유서연은 그날부터 고객별 메모장을 만들었다. 디지털 앱에 등록해두고, 다음 연락 시 반드시 그 내용을 언급했다.

"지난번에 말씀하신 메뉴는 반응 있었어요?", "아드님은 그때 시험 잘 치르셨어요?" 하는 작은 문장이 감정을 되살리고, 신뢰를 누적시켰다.

시간이 지나며 두 사람의 루틴도 변했다.

고객을 단지 '계약 상대'가 아니라 '삶의 한 조각을 나눈 이웃'처럼 느끼기 시작했다. 결국 감정 온도는 물리적인 거리보다 '기억의 거리'

였다.

정민우는 이렇게 적었다.

'감정 온도를 유지한다는 건, 고객을 내 일상 안에 놓는 일이다. 진심은 결국 전달된다.'

김 교수의 한마디

고객의 마음은 숫자가 아니라 온도로 기억됩니다. 계약은 순간이지만, 감정의 온도는 오래 갑니다. 따뜻한 기억 하나가, 다음 계약을 부르는 불씨가 됩니다.

입소문은 계산해서
만드는 것이다

"입소문은 운이 아니라 기술이야."

김 교수의 말에 정민우는 고개를 갸웃했다.

"저는 그냥 잘해주면 언젠가 알아주겠지 했는데요…."
"물론 진심이 기본이지. 하지만 입소문은 전략이야. 아무 이유 없이 퍼지는 건 없어. 누군가 일부러 시작하고, 누군가는 그것을 확산시키는 거야."

유서연이 고개를 끄덕이며 말했다.

"교수님 말씀 듣고 나서 저는 거래 끝나고 꼭 '이런 분이 주변에 계시면 소개해달라'고 자연스럽게 말하고 있어요. 그런데 그 타이밍이 참 중요하더라고요."

김 교수는 입소문을 만드는 3단계를 정리해주었다.

첫째, '기억에 남는 장면을 만든다'.
둘째, '고객이 자발적으로 말할 수 있는 소재를 준다'.
셋째, '작은 부탁을 요청한다'.

"예를 들어, 계약 당일 기념사진을 찍고 보내주거나 '제가 따로 정리한 상권 리포트인데 도움 되시면 좋겠습니다'라며 자료를 건네주는 것도 좋아. 이건 그냥 서비스가 아니라, 고객이 누군가에게 자랑하고 싶게 만드는 장치야."

정민우는 최근에 계약한 커플 고객에게 맞춤형 동네 데이트 코스를 제안해줬다. 그 부부는 이후 '공인중개사님이 데이트 코스까지 알려줬다'라며 SNS에 올렸고, 자연스럽게 이름이 퍼졌다.

유서연은 계약 후 고객에게 직접 쓴 손편지를 보내기 시작했다.

"가게만의 분위기와 사장님의 친절이 너무 좋아서 꼭 잘되셨으면 좋겠어요."

이런 한마디가 고객의 마음을 울렸다. 다음에 만났을 때, 손님이 '공인중개사님 이야기를 했어요'라며 소개를 데리고 왔다.

"입소문은 감동과 타이밍이야."

김 교수는 단호히 말했다.

"그리고 부탁은 겸손하고 진심 있게 '혹시 주변에 공간이 필요하신 분이 있으면 꼭 저를 떠올려주세요.' 이 정도면 충분해."

며칠 뒤, 김 교수는 두 사람에게 질문을 던졌다.

"최근에 가장 기억에 남는 고객의 말이 뭐였지?"

정민우가 먼저 입을 열었다.

"'이런 공인중개사 처음 봤어요'라는 말이요. 계약 끝나고도 계속 연락해주셔서 감사하다고 하셨어요."

유서연도 웃으며 말했다.

"저는 '다음엔 친구랑 같이 올게요'라는 말이요. 그 말 듣고 나니까, 그냥 한 건의 계약이 아니라 다음을 위한 초대 같았어요."
"그래. 그게 입소문이야. 고객 입에서 자연스럽게 나오는 말, 그게 가장 강력한 마케팅이지."

그날 오후, 정민우는 가게에 명함을 세련되게 정리한 미니 카드홀더를 전달했다.

"혹시 손님 중에 부동산 관련 문의하시는 분 계시면, 이거 하나씩 전해주시면 감사하겠습니다."

그것은 단순한 명함이 아니었다. 고객에게 '이 공인중개사는 누군가에게 소개해도 좋겠다'라는 인상을 남기기 위한 장치였다.

유서연은 계약한 고객의 가게에 리뷰를 남기기 시작했다.

"정말 정성 가득한 음식과 따뜻한 응대에 감동했습니다."

이 리뷰가 가게 사장님의 마음을 움직였고, 그는 유서연의 블로그를 팔로우하며 지인들에게 소개했다.

입소문은 계산하는 것이며, 계산에는 감정이 포함된다. 고객이 '이야기하고 싶은 공인중개사'가 되기 위해 기억에 남을 장면과 마음을 담은 한마디가 필요하다.

그날 밤, 정민우는 다이어리에 이렇게 적었다.

'입소문은 기다리는 게 아니다. 심고 가꾸고 수확하는 일이다.'

🗂️ 김 교수의 한마디

입소문은 운이 아니라 설계입니다. 기억에 남는 장면 하나, 감동이 담긴 한마디, 그리고 타이밍 좋은 부탁. 이 세 가지가 입소문을 전략으로 바꿉니다.

고객과 함께 성장하는
공인중개사가 되라

며칠 뒤, 유서연은 고객 한 명을 직접 만나러 갔다. 이전에 작은 분식점을 오픈한 젊은 부부였다. 그들은 이번엔 배달 중심의 2호점을 내고 싶다고 했다. 단순히 매물 리스트를 보여주는 대신, '이 지역은 야간 주문율이 높아서 배달 상권에 유리하다'라는 데이터 분석과 함께 직접 상권을 같이 돌아다녔다.

고객은 깊이 감동했고, 나중에 말했다.

"대표님은 그냥 공인중개사가 아니라, 저희 사업 파트너 같아요."

그 부부는 이후 유서연의 블로그에 가게 오픈 과정을 담은 글을 남겼고, 그 글은 다른 예비 창업자들에게 퍼지기 시작했다. 서연은 다시 한 번 느꼈다.

'내 고객이 성장하면, 나도 따라 성장한다.'

정민우는 고객 성장 일지를 따로 만들기 시작했다. 첫 계약 당시 매출 규모, 업종, 점포 위치를 정리해두고, 6개월 후 다시 체크하며 고객에게 연락했다.

"대표님, 가게 운영은 괜찮으신가요? 지난번에 말씀하셨던 인근 대로변 매장은 아직도 공실이에요. 확장 생각 있으시면 도와드릴게요."

이 작은 루틴이 고객에게 깊은 인상을 남겼다.

가끔은 고객이 먼저 연락해 "그때 알려주신 매장, 혹시 아직도 있나요?"라고 물어왔다. 정민우는 느꼈다.

'내가 먼저 고객의 다음 단계를 고민하면, 고객은 나를 다음 선택지로 기억한다.'

김 교수는 강조했다.

"중개는 단순히 매물 계약으로 끝나는 게 아니야. 누군가의 다음 꿈을 함께 계획해주는 사람, 그게 진짜 공인중개사야."

그는 이어서 말했다.

"고객이 두 번째 계약을 다시 맡긴다면, 이미 신뢰를 축적한 거야. 하지만 세 번째, 네 번째 계약까지도 이어지게 하려면 고객의 성장을 이해하고 그 흐름에 맞춰 조력해야 해."

세 사람은 어느 날 저녁, 노을 진 카페에서 조용히 대화를 나눴다.

"교수님, 저 이제 진짜로 고객을 다르게 보게 되었어요."

유서연이 말했다.

"예전에는 '하나의 계약'이었는데, 지금은 '하나의 여정' 같아요."

정민우도 고개를 끄덕였다.

"요즘은 오히려 예전 고객들 생각이 더 많이 나요. 그들의 지금이 궁금해지고, 함께 뭔가 해보고 싶다는 생각이 들어요."

김 교수는 잔잔히 웃으며 말했다.

"그래, 그게 바로 함께 성장하는 공인중개사야. 고객의 인생 곁에 오래 머무는 사람."

그날 이후, 유서연은 모든 거래 일지의 맨 아래에 한 줄을 남기기 시작했다.

'이 고객과 1년 뒤 어떤 이야기를 나누고 있을까?'

그 한 줄이, 그녀의 중개 방식과 삶을 바꿔가기 시작했다.

정민우는 고객의 상가 확장 사례를 영상으로 만들어 SNS에 공유하기 시작했다.

"고객이 잘되는 과정을 내가 돕고 있다는 것을 보여주자."

이 영상은 실제로 많은 예비 창업자의 관심을 끌었고, 그에게 문의 전화가 눈에 띄게 늘었다.

'고객과 함께 성장한다'라는 말은 단지 철학이 아니라, 그들의 실천 전략이 되었다.

김 교수의 한마디

중개는 계약의 연결이 아니라, 고객 인생의 여정을 함께 걷는 일입니다. 고객이 성장하면, 공인중개사도 함께 성장합니다. 그 곁을 지키는 사람이 결국 '다음 계약'을 이끕니다.

진짜 고객 관리는
'계약 이후'에 시작된다

유서연은 계약이 끝난 뒤에도 고객의 가게 근처를 일부러 지나가며 주변 상권의 변화와 유동 인구 흐름을 메모했다. 어느 날, 그녀는 이전 고객의 분식집 근처에 새로 생긴 프랜차이즈의 입지를 보고 바로 연락했다.

"사장님, 혹시 근처에 생긴 가게 보셨어요? 지금 시점에서 메뉴나 홍보 방향에 약간의 조정이 필요할 수도 있겠어요."

고객은 놀라며 고마움을 전했고, 이 한마디가 관계를 한층 더 깊게 만들었다.

정민우는 고객 가게의 SNS와 블로그 활동을 주기적으로 모니터링했다. 고객이 이벤트를 진행할 때는 '공인중개사님이 도와주셔서 여기까지 왔어요'라는 문구를 종종 확인할 수 있었다.

그는 댓글을 남기거나 가게에 방문해 직접 응원 사진을 찍어 인스타그램에 공유했다. 단순한 '좋아요' 하나가 아니라, 실제 응원의 표현이었다. 그의 이런 행동에 고객들은 감동했고, 다음 계약 때는 반드시 다시 연락이 왔다.

"대표님 덕분에 이번에 2호점을 생각하게 되었어요. 상담 좀 부탁드려요."

정민우는 고객의 다음 꿈을 도와주는 파트너가 되어가고 있었다.

김 교수는 말했다.

"거래는 숫자고, 관계는 온도야. 우리는 숫자를 좇는 사람이 아니라, 온도를 유지하는 사람이 돼야 해."

유서연은 고객과의 연결을 위해 '계약 이후 100일' 기념 인터뷰를 콘텐츠로 만들기 시작했다.

"사장님, 오픈 100일이 지났는데요, 어떤 변화가 있으셨나요?"

이 영상은 블로그와 유튜브에 공유되며 또 다른 고객 유입의 통로가 되었다.

김 교수는 말했다.

"이런 게 바로 확장된 고객 관리야. 계약서 한 장이 아니라, 삶의 여정을 함께하는 증거를 쌓는 거지."

정민우는 계약 이후 고객들을 위한 소규모 '공인중개사 초청 간담회'
를 기획했다.

"요즘 장사는 어떠세요?"로 시작되는 이 대화 자리는 고객 간 네트
워킹이 형성되는 장이 되었고, 그 안에서 새로운 부동산 니즈가 자연스
럽게 드러났다.

며칠 뒤, 유서연은 계약했던 고객 중 한 분에게 작은 선물을 들고 찾
아갔다. 별다른 이유는 없었다. 단지 "이 가게를 생각하면 아직도 기분
이 좋아져서요"라는 말과 함께 따뜻한 차 한 상자를 건넸다. 고객은 감
동하며 말했다.

"솔직히 요즘 가게 때문에 스트레스 많았는데, 이렇게 찾아주시니
힘이 나요."

정민우는 자신만의 고객 맞춤 루틴을 정립해가고 있었다. 계약 이후
3개월, 6개월, 1년 간격으로 자동 메시지를 발송하고, 새로운 입지 변
화나 공실 정보가 생기면 맞춤 안내도 곁들였다. 그는 고객을 수익 창
출의 수단이 아닌, 인생의 동반자로 보기 시작했다.

김 교수는 그런 두 사람을 보며 조용히 웃었다.

"이제야 여러분이 진짜 공인중개사의 길을 걷고 있다는 생각이 들
어. 계약은 의무지만, 관리와 관심은 선택이거든. 그런데 그 선택이 결

국 여러분을 업계에서 차별화시켜줄 가장 큰 무기가 돼."

그리고 마지막으로 덧붙였다.

"고객을 다시 부르는 건 마케팅이 아니라 기억이야. 그리고 그 기억은, 계약 이후의 태도에서 결정되는 거야."

김 교수의 한마디

고객은 계약서를 기억하지 않습니다. 하지만 계약 이후의 '관심과 태도'는 오래 기억합니다. 진짜 고객 관리는 계약서에 도장 찍은 뒤, 그 사람의 인생 곁에 조용히 머무는 것에서 시작됩니다.

관계의 깊이가 신뢰를 만들고,
신뢰가 수익을 만든다

그날 저녁, 유서연은 집으로 돌아가는 길에 조용한 카페에 들렀다. 하루를 정리하며 노트를 펴고 적었다.

'고객의 신뢰는 단 한 번의 정직함에서 시작되고, 열 번의 진심에서 자라난다.'

그 문장은 그녀의 다음 달 뉴스레터 맨 앞에도 실렸다.

정민우는 자신이 맡은 고객 중 오랜 시간 거래가 없던 분께 연락을 시도했다.

"대표님, 잘 지내시죠? 예전 매장 근처에 새로운 자리 나왔습니다. 관심 있으시면 한번 보실래요?"

예상 밖으로 고객은 "사실, 다시 시작할까 고민 중이었어요. 연락 감사해요"라고 답했다. 그는 그날 일기장에 적었다.

'잊지 않는 공인중개사는 결국, 기억되는 사람이 된다.'

김 교수는 두 사람의 이야기를 듣고 말했다.

"여러분은 지금 매물을 중개하고 있는 게 아니라, 삶의 전환점을 중개하고 있는 거야. 그리고 그 삶은, 신뢰라는 실로 여러분과 연결되어 있지."

유서연은 곧 브랜드 카드도 새로 만들었다. 뒷면에는 작은 문구를 넣었다.

"계약보다 기억, 설명보다 공감."

그녀는 단순한 명함이 아닌, 고객과 나누는 가치의 신념을 심고 싶었다. 명함을 건네는 순간, 고객의 눈빛이 달라지는 것을 자주 경험했다.

정민우는 블로그에 '우리 고객의 이야기'라는 코너를 신설했다. 단지 매물을 소개하는 것이 아닌, 고객의 삶과 성장, 그 여정을 돕는 공인중개사로서의 기록이었다.
어느 날, 블로그를 보고 연락한 고객이 말했다.

"여기서는 뭔가 다르다는 느낌을 받았어요. 그래서 전화드렸습니다."

그 전화 한 통이 계약으로 이어졌고, 그 계약은 또 다른 관계로 연결됐다.

김 교수는 어느 날, 강의 중 자신의 오래된 경험을 들려줬다.

"10년 전, 한 고객이 계약을 마친 뒤 제게 말했어요. '교수님, 제가 지금 계약한 것은 사실 공간이 아니라, 사람입니다.' 그 말을 아직도 가슴에 품고 삽니다."

신뢰는 결국 반복된다. 그리고 그 반복은 우연이 아닌, 기억과 진심이 만든 구조다.

정민우는 이제 매일 아침 10분씩, '관계 관리 시간'을 가진다. 그냥 인사만 묻는 짧은 문자, 혹은 예전 고객의 근황을 떠올려보는 시간이다.

"고객이 먼저 나를 기억하게 하기 전에, 내가 먼저 그들을 떠올려야 한다."

이 습관은 그의 하루를 안정시키고, 고객에게는 신뢰를 각인시켰다.

유서연은 월말이면 고객 관리 파일을 열고 한 명씩 메모를 덧붙인다.

'최근 반응 없음, 곧 생일.'
'오픈 1주년 앞둠, 작은 선물 준비하기.'

이런 메모는 그저 관리의 수단이 아니라, 고객과의 신뢰를 이어가는 사다리였다. 어떤 날은 직접 쓴 카드 한 장을 들고 가게를 찾아가기도 했다.

그리고 그날 저녁, 세 사람은 강의 후 남아 회의실에 모여 이야기를 나눴다. 김 교수가 말했다.

"고객은 기억되는 공인중개사를 신뢰해. 그리고 신뢰는 결국, 다음 계약의 이름이 되지."

말이 끝났을 때, 세 사람은 서로의 얼굴을 바라보며 미소 지었다. 그 순간만큼은 숫자도 매물도, 경쟁도 중요하지 않았다. 중요한 것은 사람이고, 그 사람과의 신뢰였다.

📇 김 교수의 한마디

고객이 계약서를 보러 오는 게 아닙니다. 신뢰를 확인하러 오는 것입니다. 공인중개사는 설명보다 기억, 계약보다 관계를 남겨야 다음에도, 그다음에도 고객이 다시 찾아옵니다.

위기를 기회로 바꾸는 마인드셋

계약이 없다고 흔들린다면, 아직 태도가 완성되지 않은 것이다

무너지는 순간보다 다시 일어나는 방식이 더 중요하다. 위기는 누구에게나 오지만, 해석하는 힘은 각자의 것이다.

손님이 없어도 무너지지 않는 공인중개사의 마인드

어느 늦은 오후, 유서연은 사무실 전등을 껐다. 그날 하루, 방문은커 녕 전화 한 통조차 없었다. 광고비만 나갔고, 오픈채팅방의 예비고객도 뜨지 않았다.

"내가 지금 뭘 하고 있는 걸까….."
그녀는 텅 빈 사무실 안에서 스스로에게 물었다.

그런 날이 하루 이틀이 아니었다. 바쁜 공인중개사들의 SNS를 보면 더 조급해졌다. 계약 인증, 고객 후기, 연이은 축하 메시지. 유서연은 자 신이 점점 뒤처지고 있다는 생각에, 자책의 늪으로 빠져들곤 했다.

그날 밤, 김 교수에게 메시지를 보냈다.

"교수님, 저… 요즘 하루에 전화 한 통도 없어요. 점점 자신이 없어집니다."

답장은 짧았다.

"내일 오전 10시, 카페에서 봅시다."

다음 날 아침, 김 교수는 커피 한 잔을 건네며 말했다.

"중개는, 손님이 없어도 지치지 않는 사람이 이깁니다."
"그런데 손님이 없는데… 안 지치는 게 가능할까요?"

김 교수는 노트북을 꺼내 들었다. 거기에는 유서연이 한 달 전 정리한 매물 목록과 예비고객 리스트가 정리되어 있었다.

"이건 아주 잘한 거예요. 문제는, '눈에 보이는 반응'만 성과로 생각한다는 거죠. 광고 클릭률, 전화 수, 방문 수는 '성과'가 아닙니다. '징후'일 뿐이에요. 중개는 작은 반복이 눈에 띄지 않게 축적되는 일입니다."

그때, 정민우도 합류했다. 그는 요즘 나름대로 고정고객이 생겼지만, 불안감이 사라지지는 않았다.

"저도 비슷해요. 하루에 두세 건 소개가 있어도, 이게 언제 끝날지 몰라서 불안해요."

김 교수는 조용히 말했다.

"여러분은 지금 '행동을 중단하고 싶은 이유'를 찾는 데 익숙해져 있어요. 반대로, '계속해야 할 이유'를 매일 다섯 개씩 적어보세요. 이유가 축적되면, 중개는 흔들리지 않습니다."

그날 이후 유서연은 매일 아침 다이어리에 '계속할 이유'를 적기 시작했다.

아직도 누군가는 내 블로그를 보고 있다.
지난달 고객이 추천 후기를 남겨줬다.
오늘도 새로운 매물 하나를 확보할 수 있다.
블로그 글을 꾸준히 쓰고 있다.
이전에 포기한 매물을 다시 정리해볼 수 있다.
매일 같은 시간에 사무실 문을 열 수 있다.
내가 나를 믿는 루틴을 만들어가고 있다.

정민우는 '손님이 없어도 지치지 않는 루틴'을 만들었다.

오전에는 글쓰기, 오후에는 현장 탐방, 저녁에는 고객 관리. 이 리듬을 유지하자 신기하게도 마음이 흔들리지 않았다. 그는 하루를 루틴으로 정리하며 마음을 다잡았다.

유서연은 예전보다 더 세심하게 업무 일지를 작성했다. 자신이 오늘 했던 일, 내일 할 일, 그리고 잘한 점을 스스로 써 내려갔다. 칭찬받지 않아도, 그녀는 자신을 매일 다독였다. "나는 잘하고 있다"라고. 그렇게 쌓인 하루하루는 더는 불안하지 않았다.

어느 날, 연락이 끊겼던 고객에게서 문자가 왔다.

"블로그 잘 보고 있어요. 이번엔 진짜 매장을 옮기려고 해요."

그 순간, 유서연은 미소 지었다. 기다림의 힘을 알게 된 순간이었다. 김 교수는 마지막으로 강조했다.

"진짜 공인중개사는 손님보다 '자신의 상태'를 먼저 관리합니다. 매일 단단해지세요. 언젠가는 그 단단함이 고객을 부릅니다."

유서연은 조용히 고개를 끄덕였다. 단단한 내면은 어느 날 갑자기 만들어지는 게 아니라, 손님이 없던 날들 속에서 다져지는 거라는 것을 비로소 이해했다.

🔖 김 교수의 한마디

고객이 없는 날도, 내 루틴은 멈추지 않습니다. 중개는 손님보다는 마음이 무너질 때 끝납니다. 눈에 보이는 성과보다 더 중요한 것은, 보이지 않는 내 마음의 탄탄한 기반입니다.

안 되는 매물을 다시 살려내는 시선의 전환

"이 매물은 어렵습니다. 위치도 애매하고, 임대료도 높고요."

유서연은 고객과의 선화 통화를 마친 뒤, 깊은 한숨을 내쉬었다. 한 달째 광고를 돌렸지만, 단 한 명도 매물을 보러 오지 않았다. 클릭은 조금 있었지만, 전화는 없었고, 주변 공인중개사들도 외면하고 있었다.

정민우가 사무실에 들어섰다.

"또 그 매물이죠? 저도 그거, 예전에 다뤄봤어요. 안 나가요. 건물주가 가격도 안 내리고, 설명할 포인트도 없고. 저도 솔직히 포기하고 싶어요. 그런데… 그냥 버리긴 아깝더라고요."

그들은 김 교수에게 자문했고, 김 교수는 매물 정보와 사진을 조용히 들여다보다가 물었다.

"이 매물, 여러분이 진짜 제대로 본 적 있나요?"

"현장은 여러 번 갔지만…."

유서연이 머뭇거렸다.

"아니요. 조건이나 위치 말고, 그 안에 담긴 사연을 말이에요."

김 교수는 곧장 세 사람을 데리고 매물 현장으로 향했다. 위치는 상권 외곽, 주차는 불편, 근처에 대형 프랜차이즈도 없었다. 건물은 오래됐고, 유리창에는 먼지가 쌓여 있었다.

"다들 이 자리만 보고 안 된다고 생각했겠죠. 그런데 진짜 중요한 것은 '왜 이 자리가 계속 비어 있는가'가 아니라 '이 자리를 필요로 하는 사람은 누구일까'입니다."

김 교수는 주변을 돌며 작은 메모장에 뭔가를 적었다.

"이 근처에 조용한 공간을 찾는 1인 기업, 영상 제작자, 혹은 소규모 창작 스튜디오. 이 매물이 필요한 사람은 일반 고객이 아니라 '다른 목적'을 가진 사람입니다."

정민우가 눈을 동그랗게 떴다.

"그런 시선은 처음이네요… 보통은 유동 인구만 보거든요."

"안 되는 매물은요, 조건이 아니라 '기준'이 잘못된 것입니다. 고객에게 맞추는 게 아니라, 매물에 맞는 고객을 다시 정의해야 해요."

그날부터 유서연과 정민우는 관점을 바꾸었다.

단지 '상권이 약하다'라고 매물을 정의하는 것이 아니라, '조용한 업무에 적합한 공간'이라는 새로운 프레임으로 브랜딩을 시작했다. SNS에 '소형 창작자를 위한 독립 공간'이라는 타이틀을 달았고, 블로그에는 '유동 인구가 적은 공간의 장점'이라는 콘텐츠를 올렸다.

며칠 후, 1인 미디어 제작자가 연락을 해왔다.

"조용한 공간을 찾고 있었는데, 여기가 딱이네요. 조명도 좋고."

매물은 일주일 만에 계약되었다.

그들은 다시 김 교수의 사무실로 향했다.
커피를 한 잔 앞에 두고 앉은 정민우가 말했다.

"생각보다 훨씬 빨리 나갔습니다. 그동안 제가 놓쳤던 건 시선이었네요."

유서연이 고개를 끄덕이며 말을 이었다.

"그동안은 조건만 봤어요. 그런데 이번엔 '누구에게 이 공간이 맞을까'를 처음으로 고민해봤어요."

김 교수는 고개를 끄덕이며 말했다.

"공인중개사는 공간을 중개하는 사람이 아닙니다. 사람과 사람 사이에 '목적'을 연결하는 사람입니다. 조건은 바뀌지 않아도, 해석은 언제든 바꿀 수 있어요."

그 말에 정민우는 조용히 중얼거렸다.

"앞으로 매물을 대할 때마다, 무조건 '새로운 기준'을 하나씩 만들어야겠어요. 남들이 말리는 매물이, 오히려 기회일 수 있으니까요."

매물 하나에도, '다시 살려낼 수 있는 길'은 언제나 존재한다는 것을 몸으로 깨달은 순간이었다. 그들은 그날 이후, 팔리지 않던 매물을 다시 꺼내어 보기 시작했다.

누구도 관심 가지지 않던 뒷골목의 작은 공간, 오래된 건물의 2층, 그 속에서 새로운 가능성을 발견하기 시작했다.

그리고 그 작은 전환들이, 누적되어 큰 수익으로 돌아오고 있었다.

김 교수의 한마디

안 되는 매물은 없습니다. 안 보였던 사람과, 안 바꾼 시선이 있을 뿐입니다. 공간을 해석하는 관점이 달라지면, 팔리지 않던 매물도 기회가 됩니다.

클레임이 들어왔을 때
공인중개사의 첫마디

정민우는 오전부터 핸드폰을 손에서 놓지 못하고 있었다. 카카오톡 알림이 계속 울리고, 전화도 몇 번 왔다. 다름 아닌 전날 계약한 고객이었다.

"어제 그 매물, 확인 다시 해보니까 2년 전에 누수가 있었다고 하더라고요. 왜 설명 안 하셨어요? 지금 굉장히 기분 나쁘거든요."

정민우는 목이 타들어갔다. 확인했을 때는 그런 정보가 없었다. 등기사항전부증명서, 건축물대장을 확인하고 주변 탐문까지 했음에도 문제는 없다고 판단했는데, 고객은 인터넷 블로그 글 하나를 들고 와서 문제 삼고 있었다.

그는 일단 전화를 끊고, 김 교수에게 연락했다.

"교수님, 이런 경우에는 뭐라고 대응해야 할까요? 무조건 사과부터 해야 하나요?"

김 교수는 웃으며 말했다.

"사과가 먼저가 아닙니다. 고객이 원하는 것은 진실이 아니라 감정의 해소예요."
"그럼… 어떻게 말해야 하죠?"
"첫마디가 가장 중요합니다. 고객의 말에 반응하지 말고, 감정에 공감하는 거예요."

정민우는 고개를 끄덕이며 다시 고객에게 전화를 걸었다.

"고객님, 불편하셨을 것 같아 마음이 무겁습니다. 그런 상황이라면 저라도 속상했을 거예요. 우선 말씀해주셔서 정말 감사합니다. 지금 바로 사실관계를 정확히 확인하고, 필요한 조치를 하겠습니다."

전화기 너머로 고객의 말투가 한결 누그러졌다.

"그렇게 말씀해주시니 좀 안심이 되네요. 사실 큰 문제는 아닌데, 찜찜해서요."

정민우는 곧장 관리사무소와 건물주에게 연락해 과거 누수 수리 내역을 확인했고, 해당 문제는 이미 2년 전 완전히 조치가 끝난 상태라는 것을 증빙했다. 이후 고객에게 관련 자료를 정리해 전달했고, 상황은 깔끔하게 마무리되었다.

며칠 뒤, 그 고객은 오히려 지인을 소개해주었다.

"이런 일에도 이렇게 대응해주시니 믿을 수 있더라고요."

그날 저녁, 정민우는 김 교수에게 다시 연락했다.

"교수님, 정말 감사합니다. 예전 같았으면 '그건 저희 책임 아니에요' 라고 말했을 텐데, 그 한마디만 달라졌을 뿐인데 고객 반응이 완전히 다르더라고요."

김 교수는 짧게 답했다.

"고객은 상황이 아니라 태도를 보고 신뢰를 정합니다. 위기일수록, 첫마디는 감정의 해소를 위한 다리예요."

그 말이 정민우의 가슴에 깊이 박혔다.

그는 그날 이후로 '클레임 응대 대본'을 스스로 만들어보기 시작했다. 단순한 대응이 아니라, 고객 감정을 어루만지는 말, 고객이 자신을 지지할 수밖에 없도록 만드는 말이 중요하다.

며칠 후 유서연도 비슷한 상황을 겪게 된다.
새로 입주한 고객으로부터 전화가 왔다.

"공인중개사님, 지금 들어왔는데 콘센트 위치가 다르네요. 약속하신 거랑 다르잖아요."

유서연은 잠시 당황했지만, 김 교수가 했던 말을 떠올렸다.

'정보를 바로잡는 것은 그다음이고, 먼저 감정의 다리를 놓는 것.'

그녀는 천천히 말했다.

"그러셨군요. 처음 입주하시는 날인데 마음이 불편하셨을 것 같아요. 고객님 말씀 덕분에 제가 놓친 부분을 알게 되었네요. 바로 확인하고 해결 방안을 찾아보겠습니다."

이후 현장을 직접 확인한 그녀는, 해당 내용이 계약 이전 설계 변경으로 인해 달라진 점이라는 것을 알게 되었고, 임대인과 협의해 보완 작업을 신속히 진행해주었다.

그 고객은 이틀 뒤 문자를 보냈다.

"그날 따뜻하게 말씀해주셔서 참 고마웠어요. 결국 문제는 다 해결됐지만, 말 한마디에 제가 기분을 달리할 수 있었네요."

클레임은 피할 수 없다. 하지만 클레임이 들어왔을 때, 공인중개사의 첫마디는 단순한 말이 아니라 신뢰를 지키는 다리다. 그리고 그 다리를 단단히 놓을 수 있는 사람만이, 오래가는 공인중개사가 된다.

🏢 김 교수의 한마디

클레임이 들어오면, 진실보다 먼저 감정을 살펴야 합니다. 첫마디가 신뢰를 만들고, 공감이 갈등을 해결합니다.

계약이 틀어졌을 때
마음을 다잡는 방법

그날 오후, 정민우는 분주한 하루를 마무리하고 사무실로 돌아왔다. 그런데 익숙한 벨 소리가 울렸다. 한 달 전부터 진행해오던 건물 임대차계약, 계약서 도장만 남겨두고 있던 임차인 측에서 갑작스럽게 연락을 했다.

"죄송한데 저희 내부 사정으로 이번 건 진행을 보류해야 할 것 같아요."

순간, 정민우의 머릿속이 새하얘졌다. 이미 건물주가 조건을 맞춰주기로 했고, 보증금 조율도 힘겹게 마무리한 상황이었다. 그런데 인제와서 중단이라니. 당장 건물주 얼굴이 떠올랐고, 자신이 잃게 될 신뢰가 머릿속을 스쳐갔다.

그는 멍하니 앉아 있다가 김 교수에게 전화를 걸었다.

"교수님, 계약 바로 앞에서 틀어졌습니다. 멘탈이 붕괴될 것 같아요. 고객을 어떻게 해서든 붙잡고 싶은데…. 어떻게 해야 할까요?"

김 교수의 목소리는 차분했다.

"계약은 흐름입니다. 마지막에 틀어진 건 단지 마지막이 아니라, 과정 중 하나였을 뿐입니다. 그것을 너무 결과로 받아들이지 마세요."
"그런데 이미 건물주에게도 다 이야기됐고요. 저 혼자 허수아비가 된 느낌입니다."

"그럴수록 중요한 건 두 가지예요. 하나는 당신 자신을 탓하지 말 것, 그리고 건물주와의 신뢰를 무너뜨리지 않을 것. 그 둘만 지키면 다음 기회는 반드시 옵니다."

정민우는 우선 건물주에게 전화했다. 어떤 변명도 없이 진심을 담았다.

"대표님, 죄송합니다. 임차인 쪽 상황이 마지막에 바뀌는 바람에, 제가 예상하지 못한 결과가 나왔습니다. 실망하셨을 텐데, 제가 다시 연결될 수 있도록 최선을 다하겠습니다."

그의 솔직한 태도에 건물주는 생각보다 담담했다.

"이런 일도 있는 거죠. 오히려 미리 말씀해주셔서 고맙습니다. 다시 임차인을 구해보죠."

정민우는 놀랐다. 그는 자신이 무너졌다고 생각한 순간, 오히려 신뢰는 더 깊어진 것이다.

며칠 뒤, 정민우는 새 임차인과의 상담을 시작했다. 그 과정에서 그는 전보다 더 세심하게 조건을 체크했고, 건물주의 의중도 더 많이 반영했다.

한 달 후, 전보다 더 나은 조건으로 계약이 성사되었다.
이번에는 도장을 찍고 나서도, 정민우는 조용히 앉아 자신을 돌아봤다.

'계약이 틀어졌던 그날, 내가 교수님께 전화하지 않았더라면? 마음을 다잡지 못했다면?'

그는 다시금 깨달았다. 진짜 실력은 계약을 많이 따내는 능력이 아니라, 계약이 틀어졌을 때도 흔들리지 않고 다시 시작할 수 있는 마음이라는 것을….

한편 유서연도 비슷한 상황을 겪었다. 소개받아 상담까지 잘 진행되던 임차인 고객이 갑자기 연락을 끊었다. 메시지를 읽지도 않았고, 전화를 해도 받지 않았다. 전날까지만 해도 긍정적이던 반응이 거짓말처럼 사라졌다.

유서연은 며칠 동안 자책했다.

'내가 말실수를 했나? 뭘 잘못했지?'

그녀는 김 교수의 강의 노트를 펼쳤다. 거기에는 이런 문장이 적혀 있었다.

"모든 계약 실패가 공인중개사의 잘못은 아니다. '중요한 것은, 실패 뒤에도 자기 자신을 지킬 수 있는가'이다."

그녀는 고객에게 마지막 메시지를 보냈다.

"고객님, 어떤 상황이시든 이해합니다. 혹시 다음에 다시 기회가 되시면 꼭 연락해주세요. 끝까지 함께하고 싶었지만, 이번엔 여기까지인 것 같습니다. 즐거운 하루 보내세요."

그 메시지에 바로 답장은 오지 않았다. 하지만 한 달 후, 그 고객에게서 다시 연락이 왔다.

"그때 고마웠어요. 사실 다른 매물 보러 갔다가 더 혼란스러워졌어요. 다시 상담 가능할까요?"

계약은 다시 시작되었다. 이번에는 빠르게 성사되었고, 고객은 마지막에 이렇게 말했다.

"그날 공인중개사님이 남긴 문자, 저한테 큰 위로였어요."

그 말을 들으며 유서연은 생각했다. 계약이 틀어졌을 때, 그건 끝이 아니라 다시 신뢰를 만드는 시작일 수 있다는 것을…. 그리고 그날 이후, 유서연은 하나의 습관을 들였다. 계약이 무산되었을 때, 실망보다 먼저 고객에게 따뜻한 인사를 건넸다.

'지금은 인연이 아니었지만, 다음에 꼭 다시 만날 수 있기를 바란다' 라는 진심. 그 작은 문장이 언젠가 다시 돌아오는 계기가 된다는 것을 그녀는 여러 번 경험하며 깨달았다.

정민우 또한 실무 일지를 적기 시작했다. 계약이 틀어질 때마다 그 이유와 자신의 반응, 고객의 반응을 기록했다. 어느 날, 그는 그 메모를 돌아보며 중얼거렸다.

"이 모든 경험이 결국 나를 만드는 거구나."

계약은 끝이 아니라 과정이다. 그리고 그 과정에서 흔들릴 수 있는 마음을 다잡는 법, 그게 진짜 실력이다.

김 교수의 한마디

계약이 틀어졌다고 해서, 당신의 길까지 틀어진 것은 아닙니다. 흔들려도 괜찮습니다. 중요한 것은 다시 시작할 수 있는 마음입니다.

감정 노동에서 탈진하지 않는
공인중개사의 루틴

"휴… 오늘은 그냥 아무 말도 하기 싫네요."

유서연은 사무실 문을 잠그고 조용히 앉았다. 단 하루도 빠지지 않고 전화를 받고, 상담하고, 매물을 보여주는 일상을 반복해왔다. 하지만 하루하루 쌓여가는 피로는 몸보다 '마음'을 먼저 지치게 했다.

"말도 조심해야 하고, 표정도 관리해야 하고…. 나도 사람인데 왜 이렇게 힘든 걸까."

이런 감정은 공인중개사라면 누구나 겪는 일이지만, 감정 노동의 정점을 찍는 직업군이라 해도 과언이 아니다. 고객은 늘 예민한 상태로 찾아오고, 공인중개사는 그 감정을 받아내야 한다. 하지만 정작 자신의 감정은 어디에 놓을 수 있을까?

그날 밤, 김 교수는 두 사람을 강의실로 불러 조용히 차 한 잔을 건네며 말했다.

"감정 노동이란 것은 고객이 아니라 나 자신과의 싸움이에요. 그걸 버텨내는 사람에게는 '감정이 올라오기 전에' 자신만의 루틴이 있습니다."

"루틴이요?"

정민우가 고개를 갸웃했다.

"네. 하루에 꼭 지키는 감정 정화 루틴. 예를 들어, 나는 아침에 사무실에 오면 제일 먼저 음악을 틉니다. 클래식 같은 잔잔한 음악. 그리고 책상 정리를 하면서 하루의 첫 감정을 다듬죠."

"전 그런 여유가 없는데…."

유서연이 작게 말했다.

"여유가 생겨서 하는 게 아니라, 그런 루틴이 있어야 여유가 생깁니다. 종일 고객 감정을 받아들이면 저녁엔 나도 무너져요. 그래서 중간에 꼭 멈춰야 해요. 점심시간 15분이라도 스마트폰을 멀리하고, 공원 벤치에 앉거나 눈을 감고 음악을 들어보세요."

정민우는 고개를 끄덕였다.

그는 다음 날부터 새로운 루틴을 시도했다. 오전 10시, 매물 보기 전에 잠시 산책을 하고, 오후 상담 전, 좋아하는 라디오를 듣는다. 하루를 채우는 작은 정리가 그에게 힘이 되기 시작했다.

유서연은 '감정 일기'를 쓰기 시작했다.

계약이 잘된 날엔 무엇이 좋았는지, 고객에게 서운했던 날엔 무엇이 아쉬웠는지를 적었다. 그렇게 자신의 감정을 '쌓아두는' 대신 '흘려보내는' 법을 익혀갔다. 그 변화는 천천히, 그러나 분명히 나타났다.

정민우는 고객의 까다로운 요청에도 예전처럼 흥분하지 않았고, 유서연은 부정적인 피드백을 받고도 스스로를 자책하지 않았다. 감정의 파도에 휩쓸리기보다는, 스스로 닻을 내리는 방법을 익혀가는 것이었다.

김 교수는 다시 말했다.

"중개는요, 고객을 상대하는 일이기도 하지만, 결국 나 자신을 다스리는 일입니다. 내가 무너지면 계약도 관계도 무너져요. 감정 노동이 무서운 게 아니라, 감정을 관리하지 못하는 자신이 더 무서운 것입니다."

그의 말처럼, 진짜 실력은 조건이나 말솜씨가 아닌 '감정 관리의 내공'에서 비롯된다. 하루하루를 자신의 루틴으로 다듬고, 감정을 정돈할 수 있다면 어떤 상황도 넘길 수 있다. 감정을 관리하는 사람은, 결국 계약도 삶도 오래간다.

김 교수의 한마디

중개는 감정을 다스리는 사람만이 오래 할 수 있습니다. 고객보다 더 힘든 상대는, 흔들리는 내 마음입니다. 하루를 버티는 루틴이 결국, 나를 지켜줍니다.

결국 다시 일어서는 사람은
'해석'이 다른 사람이다

"나는 실패한 것일까, 아니면 아직 끝나지 않은 걸까."

정민우는 계약이 무산된 뒤에도 사무실에 남아 있었다. 조용히 커피를 내리고 책상 앞에 앉았다. 가슴 안에서 천천히 올라오는 자책감과 허탈함.

'내가 뭘 잘못한 거지?'
이 질문이 그의 머릿속을 떠나지 않았다. 그때, 휴대전화로 메시지가 도착했다. 김 교수였다.

"무너졌다고 느낄 때는 그 상황을 다시 해석해보세요. 무너진 게 아니라 흔들렸던 것뿐일 수 있습니다."

잠시 멍하니 화면을 바라보던 그는 조용히 노트를 폈다. 그리고 써 내려갔다.

"오늘 계약이 깨진 건, 내 실수일까? 아니면 아직 흐름이 맞지 않았던 걸까. 고객의 말 한마디를 너무 무겁게 받아들인 건 아닐까? 이 상황을 어떻게 받아들이면 내가 다시 일어설 수 있을까?"

바로 그 질문에서 시작이었다. 해석의 차이가 결국 나의 다음 행동을 만든다.

며칠 후, 김 교수는 다시 두 사람을 불렀다. 이번에는 특별히 '해석'이라는 주제로 대화를 시작했다.

"같은 상황인데 누군가는 '끝'이라고 하고, 누군가는 '기회'라고 하죠. 그 차이는 해석입니다."
"교수님, 해석을 다르게 하라고 하셔도… 감정이 앞서니까 잘 안 돼요."

유서연이 고백하듯 말했다.

"맞아요. 그래서 감정이 지나간 후에 해석해야 해요. 감정의 파도가 가라앉고 나서야 바닥이 보이거든요."

정민우는 조용히 고개를 끄덕였다.

"지난주 계약 파기된 것은 이제 '내가 더 공부해야 한다'라는 신호로 받아들이기로 했습니다. 고객이 나쁜 게 아니라, 내가 아직 충분히 설득하지 못했단 뜻으로요."

김 교수는 미소 지었다.

"좋아요. 그렇게 해석이 바뀌면, 같은 실패도 다음엔 자산이 됩니다. 위기에서 배우는 사람은 더는 같은 이유로 무너지지 않아요."

중개는 매일의 상황 변화와 감정의 충돌 속에서 일어난다. 결국, 버티고 이겨내는 사람은 상황을 다르게 해석하는 사람이다. 문제는 계속 일어나지만, 그 문제를 '경험치'로 바꾸는 사람만이 진짜 실력을 갖춘다. 그리고 그 실력은 고객에게 신뢰로 돌아온다.

그날 밤, 유서연은 일기를 썼다.

"고객이 안 된다고 했을 때, 그것을 '거절'로만 받아들이는 건 내가 나를 깎아 먹는 일이다. 그건 그냥 타이밍이 맞지 않았거나, 고객 입장에서는 불안이 컸던 것뿐이다. 내가 할 일은 '왜 안 됐는지'보다 '어떻게 다시 설득할 수 있을지'를 보는 거다."

정민우는 따로 메모장을 꺼내 이렇게 적었다.

"해석은 기술이다. 감정이 가라앉고 나면, 내 사고방식을 다시 세팅해야 한다. 고객에게 문제가 있는 게 아니다. 내가 준비되지 않았던 것이다. 문제를 탓하지 말고, 의미를 찾아야 한다."

며칠 뒤, 정민우는 우연히 지나가던 고객과 마주쳤다. 이전에 계약이 불발되었던 사람이다.

"그때는 상황이 안 맞았죠. 지금은 어떠신가요?"

짧은 인사에 이어진 대화는 자연스럽게 다시 매물 이야기로 흘렀고, 얼마 지나지 않아 새로운 계약이 체결되었다. 정민우는 그날 밤, 조용히 혼잣말을 했다.

"똑같은 상황이었는데, 이번엔 내가 먼저 흔들리지 않았다. 그게 다르다."

해석이 다르면 시야가 달라지고, 시야가 달라지면 행동이 달라진다. 결국, 다시 일어서는 사람은 실패를 다르게 보는 사람이다.

김 교수의 한마디

상황은 바꿀 수 없어도, 해석은 내가 선택할 수 있습니다. 같은 실패도 다르게 보면 자산이 되고, 그 자산이 다시 나를 일으켜 세웁니다.

흔들리지 않는 공인중개사는
'태도'가 다르다

"오늘도 노쇼 두 건, 광고는 나가고 계약은 없고."

유서연은 사무실 소파에 앉아 깊게 숨을 들이쉬었다. 몇 달째 매출은 제자리였고, 열심히 뛴 날에도 손에 남는 것은 없었다. 그래도 그녀는 매일 아침 문을 열고, 책상에 앉는다.

그녀가 사무실 문을 닫지 않는 이유는 단 하나, '자신이 지켜야 할 태도가 있기 때문'이었다.

그날 저녁, 김 교수는 그녀와 정민우를 다시 불렀다. 이번 주제는 '태도'였다.

"흔들리지 않는 공인중개사는 무엇이 다를까요?"

정민우가 먼저 입을 열었다.

"멘탈이요? 마음을 단단히 먹는 거?"

김 교수는 고개를 저었다.

"아니에요. 진짜 멘탈은 '감정'이 아니라 '행동'에서 나옵니다. 아무리 기분이 흔들려도 행동이 일정하면, 그게 태도입니다."

유서연이 물었다.

"그럼 행동을 지키는 게 먼저라는 말씀이세요?"
"맞아요. 고객이 안 오더라도, 전단을 뿌리고, 블로그를 쓰고, 매물을 다시 정리하고. 그런 작은 행동이 쌓이면 감정도 따라옵니다."

정민우는 고개를 끄덕였다.

"요즘은 아침 루틴을 꼭 지켜요. 일단 9시에 사무실 문 열고, 전날 못 챙긴 자료를 점검하고, SNS에 글 하나라도 올리려고 합니다."

김 교수는 웃으며 말했다.

"그게 바로 흔들리지 않는 태도예요. 상황은 계속 바뀌지만, 나만의 기준을 갖고 행동하면 어느 순간부터 결과가 따라오기 시작합니다."

유서연은 메모장에 이렇게 적었다.

"나만의 기준으로 하루를 시작하자. 결과는 늦게 오지만, 내가 무너지지 않는 이유는 태도다."

정민우는 따로 메모장을 꺼내, 자신만의 루틴을 다시 정리했다.

1. 아침 사무실 문은 정시에 연다.
2. 블로그에 하루 한 문장이라도 쓴다.
3. 매물 한 건 이상 피드백을 정리한다.
4. 오늘 한 가지라도 고객과 접점을 만든다.

그는 중얼거렸다.

"이런 것을 아무리 해도 효과가 없다고 생각했는데, 지금 보니 이게 나를 지탱해왔구나."

그날 밤, 김 교수는 마지막으로 이렇게 말했다.

"중개는 결국 습관의 싸움입니다. 태도가 흔들리면 루틴이 깨지고, 루틴이 깨지면 일상이 무너집니다. 반대로 말하면, 아무리 힘들어도 내가 반복하는 행동만 지키면 결국 버팁니다. 태도가 곧 생존입니다."

정민우는 조용히 눈을 감았다. 그의 머릿속에는 오늘 하루 자신이 얼마나 '감정'에 흔들렸는지가 스쳐 지나갔다.

"교수님 말씀대로라면, 결국 우리가 매일 뭘 하는지가 가장 중요하겠네요."
"그렇죠. 오늘 하루가 엉망이라도, 내일 아침은 정해진 시간에 문을 열면 됩니다. 공인중개사의 무너짐은 실력보다도, 일상의 무너짐에서 시작돼요."

유서연은 고개를 끄덕이며 말을 이었다.

"중개라는 일이 매일 사람을 만나고, 감정과 부딪히는 일이라 더 그런 것 같아요. 태도가 없으면, 감정에 휩쓸려버려요."
"맞아요."

김 교수가 고개를 끄덕였다.

"중개는 기술이 아니라 태도의 집합입니다. 어느 순간, 고객은 말보다 당신의 태도를 먼저 느낍니다."

그리고 그는 한 마디를 덧붙였다.

"태도는 결국 내가 나를 지키는 방식입니다."

그 말에 두 사람은 다시 한번 조용히 고개를 끄덕였다. 그리고 각자의 사무실로 돌아가, 다시 문을 열 준비를 했다. 흔들리더라도 무너지지 않는 이유. 그것은 오늘 하루를 어떤 태도로 살았느냐에 달려 있었다.

김 교수의 한마디

결국, 태도는 내가 나를 지키는 방식입니다. 하루의 행동이 무너지지 않으면, 감정도 무너지지 않습니다. 흔들리는 날일수록 '반복하는 태도'가 나를 일으켜 세웁니다.

위기를 다루는 언어가
곧 실력이다

"계약이 파기됐어요. 고객이 갑자기 마음이 바뀌었다네요."

정민우는 휴대전화를 내려놓고 깊게 한숨을 쉬었다. 이번 계약은 거의 확정이었다. 계약금 날짜도 조율했고, 임대인과 임차인 모두 조건에 동의했다. 그런데 임차인이 전날 밤 연락을 해왔다. '죄송하다'라는 한마디와 함께.

그날 저녁, 김 교수는 평소보다 조금 늦게 강의실로 들어왔다. 그는 두 사람의 얼굴을 보고는 무언가를 알아챘다는 듯 조용히 입을 열었다.

"오늘 누가 위기 상황을 겪었나요?"

정민우가 손을 들었다.

"계약이 무산되었습니다. 이유도 없이요."

김 교수는 고개를 끄덕이며 질문했다.

"그때 첫마디가 뭐였어요?"
"…'왜요?'였던 것 같아요. 나도 모르게요."

유서연이 끼어들었다.

"그럴 수밖에 없죠. 준비 다 했는데 무산되면 충격이 크죠."
"맞아요."

김 교수는 천천히 말을 이었다.

"하지만 진짜 중요한 것은, 위기 상황에서의 첫마디입니다. 그 말이 이후 상황 전체를 좌우하거든요."

정민우는 고개를 숙였다. 그는 본능적으로 감정 섞인 말투로 항의했고, 그 결과는 고객과의 냉각이었다. 김 교수는 말을 이었다.

"중개는 매끄러운 계약만으로 쌓이지 않아요. 오히려 위기 상황에서의 말 한마디가 신뢰를 만듭니다. 위기를 다루는 언어야말로 진짜 실력이에요."

유서연이 조용히 물었다.

"그럼 교수님이라면 뭐라고 하셨을 것 같아요?"

"'괜찮습니다. 고객님 입장이 가장 중요하니까요. 그래도 어떤 부분이 마음에 걸렸는지만 공유해주시면, 제가 다음에 더 잘 준비할 수 있을 것 같습니다.'"

정민우는 눈을 크게 떴다.

"그렇게 말하면… 고객이 마음을 다시 열 수도 있었겠네요."

"그렇죠. 위기 상황은 원망보다 '다시 연결될 가능성'을 남기는 게 중요해요. 상대를 몰아세우는 순간, 다신 연락 오지 않거든요."

그날 이후 정민우는 노트 한쪽에 문장을 정리했다.

'실망했습니다'가 아닌, '배우고 갑니다.'
'왜 이러세요'가 아닌, '어떤 점이 부담되셨을까요?'
'이제 못 믿겠네요'가 아닌, '다음에는 더 신중히 준비하겠습니다.'

유서연도 자신의 경험을 떠올렸다.

예전에, 갑작스레 다른 공인중개사와 계약을 체결한 고객에게 무심코 '그럴 거면 미리 말씀하시지, 그랬어요'라고 해버렸다가, 단골로 만들 수 있던 기회를 잃은 적이 있었다. 김 교수는 마무리하며 말했다.

"우리는 위기의 순간을 '감정'으로 맞이하죠. 하지만 고객은 그 순간의 '언어'로 우리를 판단합니다. 말의 방향이 감정의 방향을 바꿔요. 그걸 기억하세요."

정민우는 노트 마지막에 이렇게 적었다.

'실력은 계약서가 아니라, 위기의 순간을 다루는 말에 드러난다.'

그리고 다음 날 아침, 그는 어제 무산된 고객에게 문자를 보냈다.

"어제 결정 어려우셨을 텐데, 그래도 말씀해주셔서 감사했습니다. 혹시 다음에 다른 조건이 생기면 꼭 먼저 연락해주세요. 준비된 매물로 도와드리겠습니다."

보내기 전, 잠시 망설였다. 하지만 손가락은 곧 '보내기'를 눌렀다. 그건 단지 예의가 아닌, 자신을 지키는 언어였다. 그날 오후, 고객으로부터 답장이 왔다.

"다음에는 꼭 먼저 연락드릴게요. 감사합니다."

작은 문장 하나가, 무너진 관계를 다시 잇는 다리가 되었다. 그리고 몇 주 뒤, 정민우의 휴대전화로 다시 전화가 왔다. 익숙한 번호였다. 그때의 그 고객이었다.

"전에 소개해주신 매물, 혹시 아직도 있나요?"

정민우는 단단한 목소리로 대답했다.

"있습니다. 이번엔 더 신중히 준비했습니다."

말은 상황을 바꾸지 않지만, 흐름을 다시 만들 수 있다. 그 흐름이 신뢰로 이어지고, 결국 계약으로 완성된다. 공인중개사는 위기를 감정으로 맞지 않는다. 언어로 대처하고, 신뢰로 수습하는 사람이다.

작은 말 한마디의 차이가, 다시 돌아올 수 있는 문을 연다.

김 교수의 한마디

위기의 순간, 감정보다 먼저 나가는 말이 당신의 실력입니다. 상황은 바꿀 수 없어도, 말의 방향은 바꿀 수 있습니다. 그 한 문장이, 고객을 다시 돌아오게 만듭니다.

말은 계약의
시작이다

고객의 마음을 움직이는 설득 언어

계약은 말 한마디에서 시작된다. 말의 기술이 곧 설
득의 힘이다. 말은 계약의 시작이다.

고객의 마음을 여는
첫마디의 힘

"요즘 매물 보러 오시는 분들, 눈빛부터 다르지 않아요?"

정민우가 먼저 말을 꺼냈다. 그는 요즘 상담이 많아졌지만, 계약으로 이어지는 비율이 떨어진다는 게 고민이었다.

"어디선가 비교하고, 이미 머릿속에 정답을 갖고 들어오는 느낌이랄까요. 한 마디만 틀리면 바로 돌아서요."

김 교수는 고개를 끄덕이며 말했다.

"그런 분들일수록, 첫마디가 중요합니다. 첫인상이 모든 대화의 방향을 정하거든요."

유서연이 물었다.

"그럼 교수님은 첫마디에 뭐라고 하세요?"

"저는 이렇게 말합니다. '오늘 오시기까지 고민 많으셨죠?' 그 한마디로 고객의 마음은 열립니다."

정민우가 놀란 눈으로 물었다.

"단지 그 말로요?"

"네. 왜냐면 고객은 상품을 보기 전에 사람을 보기 때문이에요. 진심이 느껴지면, 신뢰가 생기고, 신뢰는 정보를 열게 하죠."

유서연은 고개를 끄덕이며 중얼거렸다.

"'어떤 조건 찾으세요?'부터 묻는 내 방식은 너무 거래 중심이었네요…."

"그렇죠. 고객은 상품을 보러 왔다기보다, 자신을 이해해줄 사람을 찾으러 온 거니까요."

김 교수는 이어서 말했다.

"첫마디에는 세 가지가 들어 있어야 해요. 공감, 신뢰 유도, 긴장 완화. 단순한 질문이 아니라, '말을 할 수 있는 분위기'를 만들어야죠."

정민우는 노트에 적었다.

'오늘 이 매물에 관심을 갖기까지, 어떤 고민이 있으셨어요?'
'사진으로 보셨던 그 느낌, 실제로는 어떠세요?'

'혹시 지금 보고 계신 다른 매물들과 어떤 점이 고민되시나요?'

김 교수는 마지막으로 덧붙였다.

"중개는 설득이 아닙니다. 이해와 공감에서 시작되어야 합니다. 고객의 마음을 여는 순간, 계약은 이미 반쯤 온 거예요."

그날 이후 유서연은 고객을 맞이하는 첫마디를 바꿨다. 단순한 조건 확인이 아니라, 고객의 오늘을 묻는 말로 시작했다. 그리고 놀라운 일이 벌어졌다. 고객의 말이 달라진 것이다.

"이 매물도 괜찮네요. 그런데 사실 제가 요즘 좀 불안해서요….."

고객은 더 많은 이야기를 했다. 그러자 더 정확한 제안을 할 수 있었고, 이는 계약으로 이어졌다. 말 한마디가 바뀌면, 흐름이 달라진다. 고객의 마음을 여는 첫마디가 곧 신뢰의 열쇠다.

며칠 후, 정민우 역시 변화를 체감했다.

"교수님, 어제 고객이 매물을 보러 왔는데요…. 제가 첫마디로 '요즘 어떤 고민 있으세요?'라고 했더니, 30분 동안 이야기만 듣고 끝났어요."
"잘하셨어요. 그 대화가 고객에게는 신뢰였을 것입니다."
"오늘은 다시 오신다고 하네요. 계약까지 갈진 모르겠지만…. 예전 같았으면 그냥 돌아가셨을 분이에요."

김 교수는 웃으며 말했다.

"중개는 대화의 기술이 아니라, 공감의 기술입니다. 첫마디가 곧 첫 걸음이에요."

김 교수의 한마디

중개는 말로 시작되지만, 공감으로 이어집니다. 고객의 마음을 여는 첫마디, 그 안에 담긴 공감이 계약보다 먼저 도착합니다.

설명이 아니라
설득이 되는 말 습관

"고객님, 이 자리 진짜 좋습니다. 여기는 하루 유동 인구가…."

유서연은 말을 멈췄다. 정민우가 조용히 그녀를 바라보았다.

"서연 씨, 방금 그 멘트. 본인이 들어도 설득되겠어요?"
"…지금은 그냥 외우듯이 말한 거죠. 솔직히 요즘 말할수록 고객 반응이 더 싸늘해지는 느낌이에요."

정민우가 고개를 끄덕였다.

"저도요. 설명은 열심히 하는데, 고객은 고개만 끄덕이다가 나가요. 뭔가 벽에 대고 말하는 기분이에요."

그들은 그날 저녁, 김 교수와 마주 앉았다.

"두 분, 설명은 누구나 할 수 있습니다. 하지만 설득은 다릅니다."

김 교수는 화이트보드에 이렇게 적었다.

> 설명 = 정보 전달
> 설득 = 관점 제시 + 공감

"설명은 '이렇습니다'지만, 설득은 '그래서 당신에게 맞습니다'입니다."

유서연이 눈을 반짝였다.

"그럼 고객을 설득하려면 무엇을 바꿔야 할까요?"

"세 가지입니다.
첫째, 말의 순서를 바꾸세요. 조건 → 이유 → 사례.
둘째, 고객의 상황을 먼저 짚으세요.
셋째, 끝에는 '선택'을 남기세요."

정민우가 따라 적으며 물었다.

"예를 들면요?"
"'여기는 유동 인구가 많습니다' 대신, '대표님처럼 1인 운영을 하시는 분께는 낮보다 저녁 유동 인구가 중요한데요, 여기는 그게 잘 잡혀요. 실제로 비슷한 규모 매장의 저녁 매출 비중이 70%입니다.' 이게 설득입니다. 듣는 사람이 '내 이야기'로 들을 수 있어야 하죠."

유서연은 끄덕이며 되물었다.

"그러면 중개 멘트도 결국 '이해'가 먼저라는 거네요?"
"맞아요. 잘 설명하는 공인중개사는 많지만, 잘 '이해'시키는 공인중개사는 드물어요."

정민우는 중얼거렸다.

"이제는 말하기 전에 한 번 더 '고객 입장'에서 돌아보게 되네요."

그날 이후 두 사람은 말 습관을 바꾸기 시작했다.

'설명'은 줄이고, '이야기'를 넣었다.
'정보'는 정리하고, '관점'을 제시했다.
'조건'은 맞추고, '선택'을 열어주었다.

고객의 반응은 달라졌다.

고개만 끄덕이던 사람이 질문을 하기 시작했고, 한번 보고 나간 손님이 다시 돌아오기 시작했다. 시간이 지나면서 두 사람의 말에는 힘이 실렸다. 고객은 말의 '정보'보다 '맥락'에 반응했고, 단순한 설명보다 '자신을 이해해주는 말'에 신뢰를 보였다.

어느 날, 유서연이 계약서를 작성하던 중에 고객이 말했다.

"그때 말씀하신 이야기, 우리 가게 상황하고 정말 딱 맞더라고요. 그래서 다시 왔어요.”

그 말을 들은 유서연은 속으로 중얼거렸다.

‘내 말이 아니라, 내 시선이 달라졌구나.’

말은 기술이 아니다. 태도다. 설명하지 말고, 설득하라. 고객의 마음
은 논리가 아니라 공감에 반응한다.

김 교수의 한마디

말을 잘하는 사람보다, 말의 ‘순서’를 아는 사람이 설득합니다. 설명은 정보를 전달하
지만, 설득은 관점을 열고 고객의 마음을 움직입니다. 고객의 입장에서 시작하면, 말
보다 먼저 신뢰가 도착합니다.

듣는 순간 납득되는 멘트는
어떻게 만들어지나

"교수님, 설명도 연습하고 설득도 바꿔봤는데, 여전히 뭔가 부족한 느낌이에요."

유서연이 조심스럽게 말을 꺼냈다. 정민우도 고개를 끄덕였다.

"고객이 고개를 끄덕이긴 해요. 그런데 뭔가 더 와닿는 한마디가 없다고 할까요. 듣는 순간, '그래 맞아'라는 그 멘트가 부족한 것 같아요."

김 교수가 손가락으로 책상을 두드리며 말했다.

"그게 바로 '납득 멘트'입니다. 듣는 순간, 고객이 저항 없이 받아들이게 되는 말. 그것은 기술이 아니라 구조예요."

정민우가 물었다.

"구조요?"

"네. 구조. 말에는 기본 구조가 있어요. 고객 문제 인식 → 공감 → 해석 → 짧고 명료한 결론이죠."

"대부분은 설명부터 시작해요. 하지만 고객은 자기 문제를 먼저 공감받아야 집중합니다. 그다음에는 '왜 이런 상황이 벌어지는지' 해석을 주고, 마지막에 정리된 한 문장을 주는 거죠."

유서연이 펜을 들고 메모하기 시작했다.

"고객님, 여기 유동 인구 많습니다. 이게 아니라, '대표님처럼 퇴근 시간 이후에 집중되는 업종은, 낮보다 저녁 유동 인구가 중요하잖아요? 여기가 딱 그 타이밍에 사람 흐름이 몰리는 곳이에요. 그래서 이 자리가 저녁 장사에는 강한 것입니다.' 이런 구조네요."

"맞습니다. 고객의 현실 → 공감 → 원인 해석 → 선택 제시. 이 흐름으로 만들어진 멘트는, 상대가 납득할 수밖에 없어요."

정민우가 중얼거렸다.

"이건 말이 아니라 하나의 콘텐츠네요."

김 교수가 웃으며 말했다.

"맞아요. 그래서 '말'을 그냥 정보 전달이 아니라, 하나의 메시지 콘텐츠로 생각하세요. 들으면 바로 '그래서 이 자리가 괜찮은 거구나' 하는 그림이 그려지도록 말이죠."

그날 이후 두 사람은 '한 문장 훈련'을 시작했다. 고객이 매물을 보고 묻기 전에, 먼저 구조를 갖춘 멘트를 준비했다. 단순한 정보 대신, 고객의 현실과 고민에서 출발하는 말. 며칠 후, 유서연에게 고객이 말했다.

"이 말 듣고 나니까, 왜 이 자리를 추천하셨는지 확실히 이해돼요."

그 말에 유서연은 속으로 미소 지었다.

말의 힘은 결국 '구조'에 있다. 설명은 잊히지만, 납득되는 말은 기억된다. 그리고 그 납득은 계약을 만든다.

이후, 정민우는 자신만의 멘트 템플릿을 만들기 시작했다.
고객 유형에 따라 문제 인식부터 공감, 해석, 결론까지 다듬어졌다. 심지어 카페에서 혼자 커피를 마시면서도, 노트에 대화를 그려보고 스스로 말해보았다.

어느 날, 그는 기존에 보던 매물을 고객에게 소개하며 이렇게 말했다.

"사장님이 지금 고민하시는 것이, 이 지역 상권이 단골 중심인지 아닌지잖아요. 그런데 이 골목은 1년 이상 영업하는 가게 비율이 85%입니다. 그 이야기는, 손님이 계속 돌아오는 구조라는 거예요. 그래서 이 매물의 진짜 강점은 유동이 아니라 '관계 유지형 상권'이라는 것입니다."

고객은 그 자리에서 바로 이렇게 답했다.

"아, 이제야 이 자리를 왜 보여주신 것인지 납득이 갑니다."

그 순간, 정민우는 자신의 내면에서 확신이 생기는 것을 느꼈다.

말이 계약을 부른다는 것. 그리고 말은 연습의 산물이라는 것.

그는 그날 저녁, 김 교수에게 메시지를 보냈다.

"교수님, 오늘 첫 마디로 고객을 납득시켰습니다."
"좋습니다. 이제 매물에 말을 입히세요. 모든 매물에는 말이 붙어야
합니다."

김 교수의 한마디

정보는 흘러가지만, 구조 있는 말은 기억에 남습니다. 고객의 문제에서 출발해, 공감
과 해석을 거쳐 도착한 한 문장. 그 '한 문장'이 계약을 만듭니다.

같은 매물을 다르게
소개하는 말의 기술

정민우는 오늘도 매물 현장을 돌며 느꼈다. 같은 자리에 같은 조건의 가게인데, 누가 소개하느냐에 따라 고객의 반응이 완전히 달라진다는 것을 말이다.

"이 매물, 어제는 고객이 그냥 지나쳤는데, 오늘은 유서연 씨가 소개하니까 바로 반응이 오더라고요."

그 말을 들은 유서연은 웃으며 답했다.

"말은 같아 보여도, 그 안에 담긴 메시지가 다르니까요. 같은 매물이어도, 어떻게 말하느냐에 따라 그 매물의 얼굴이 바뀌는 거예요."

김 교수가 덧붙였다.

"이것은 단순히 화법의 차이가 아닙니다. 고객의 상황과 니즈를 어떻게 읽고, 그에 맞춰 말을 다시 조립하느냐의 문제예요."

정민우는 고개를 끄덕이며 되물었다.

"그러면 같은 매물도 고객 유형별로 멘트를 다르게 준비해야 하나요?"
"정확히 말하면, 고객의 기준에 따라 보이는 '가치'를 다르게 전달하는 거죠."

그날 김 교수는 화이트보드에 세 개의 키워드를 썼다.

1. 고객의 업종과 운영 시간
2. 고객의 목표(회전률 vs 안정성)
3. 고객의 감정(두려움 vs 기대감)

"예를 들어, 같은 15평짜리 1층 매물이 있다고 칩시다. 하나는 카페를 하려는 30대 여성, 다른 하나는 족발집 창업을 준비하는 50대 남성에게 보여준다고 해요. 말이 같아야 할까요?"

유서연이 손을 들었다.

"절대 안 되죠. 카페 사장님에게는 '감성'과 '노출'이 중요하고, 족발집 사장님에게는 '저녁 유동'과 '배달 동선'이 중요하니까요."
"맞습니다. 그래서 같은 매물이라도, 완전히 다른 언어로 소개해야 합니다."

김 교수는 두 사람에게 과제를 줬다.

'같은 매물을 고객 유형별로 다르게 소개하는 말 훈련'을 해보라는 것이었다.

며칠 후, 정민우는 족발집 창업 고객을 만나 이 멘트를 썼다.

"사장님, 이 자리는 낮에는 조용하지만, 저녁 6시 이후로는 직장인들이 몰립니다. 퇴근 후에 포장 손님도 많고요. 같은 자리를 카페로 소개할 때는 감성 분위기를 강조했지만, 지금은 저녁 매출이 중요한 자리로 보셔야 해요."

고객은 고개를 끄덕였다.

"그 말 들으니까, 같은 자리라도 느낌이 다르네요."

며칠 뒤, 유서연은 1인 쇼핑몰 창업 여성에게 이렇게 말했다.

"여기는 유동이 많진 않지만, SNS에 올릴 사진을 찍기 좋은 포인트가 많아요. 주변에 감성 있는 가게가 많고, 무엇보다 리뷰 사진이 예쁘게 나와요. 고객님처럼 브랜드 이미지로 승부 보려는 사장님한테는 딱이에요."

그 말에 고객은 바로 물었다.

"계약하려면 준비해야 할 게 뭐가 있을까요?"

말은 공간을 보는 '프레임'을 바꾼다. 같은 자리도 말이 다르면, 전혀 다른 공간이 된다. 그리고 그 차이가, 계약의 결과를 바꾼다.

이후, 정민우와 유서연은 '매물 언어 매뉴얼'을 만들기 시작했다.

'매물 A: 점심 회전형 – 직장인, 소형 메뉴, 테이크아웃 강조'
'매물 A: 저녁 고정형 – 술집, 포장, 배달 동선 강조'
'매물 A: 감성 소비형 – 카페, 이미지, SNS, 리뷰 강조'

같은 매물도 세 가지 버전의 말로 설명할 수 있게 만들었다.

공인중개사의 말은 단순한 설명이 아니다. 같은 매물을 다르게 보이게 만드는 기술이다. 말은 매물의 가치를 다시 쓰는 붓이다.

김 교수의 한마디

말은 매물의 얼굴을 바꾸는 기술입니다. 같은 자리도 누구에게, 어떻게 말하느냐에 따라 전혀 다른 '가치'가 됩니다. 공인중개사의 진짜 실력은, 말로 매물을 새롭게 정의하는 능력입니다.

비교 아닌 차별화를 만드는 단어 선택법

김 교수가 흰 종이에 두 단어를 적었다.

> "저렴한, 가치 있는"

"이 둘의 차이가 뭘까요?"

정민우가 말했다.

"결국은 똑같은 것 아닙니까? 가격이 싸다는 이야기."

김 교수는 고개를 저었다.

"천만에요. '저렴한'은 가격에 초점을 맞춘 표현이고, '가치 있는'은 고객이 느낄 만족감에 초점을 둔 말이에요. 단어 하나가 고객의 감정 반응을 완전히 바꿉니다."

유서연은 고개를 끄덕이며 덧붙였다.

"실제로 '가성비 좋아요'라는 표현보다는 '이 가격에 이런 컨디션이면 정말 괜찮은 선택이에요'라고 했을 때, 고객 반응이 확실히 달라요."

김 교수는 말을 이었다.

"공인중개사는 단어로 장면을 연출하는 사람이에요. 같은 매물을 '싼 곳'으로 만들 수도 있고, '가치 있는 공간'으로 만들 수도 있죠."

그날 세 사람은 단어 선택의 차이로 바뀌는 고객 반응에 대해 다양한 예시를 나눴다.

'좁지만 아늑한 공간' vs '협소한 공간'
'인테리어 부담 없는 깨끗한 상태' vs '리모델링 필요 없음'
'상권 중심부에 위치한 알짜 매물' vs '중심가 매물'
'창업에 적합한 구조' vs '기본 구조 매장'
'유동 인구의 흐름을 탈 수 있는 위치' vs '지나가는 사람 많은 곳'
'초기 투자 회수 기간이 짧은 매물' vs '부담 없는 가격의 매물'

"공인중개사가 먼저 단어를 바꾸면, 고객의 시선도 달라집니다."

이후, 유서연은 자신이 쓰던 소개 멘트를 다시 정리했다.

'싸다, 빠르다, 좋다'라는 표현 대신 '효율적이다, 흐름이 좋다, 수익이 기대된다'라는 단어로 바꾸었다. 그녀는 특히 '소형이지만 아늑한 느낌'이라는 표현을 즐겨 썼다.

정민우 역시 '부담 없는'이라는 표현을 '초기 투자 대비 회수 기간이 짧은'으로 바꿨고, 고객의 반응이 즉각 달라졌다.

그는 이후 고객 소개서까지 문장을 수정했다. 고객은 단순히 말의 뜻이 아니라, 그 말이 주는 '느낌'을 기억한다. 단어는 정보가 아니라 인상을 남긴다. 그래서 공인중개사의 단어는 고객의 머리가 아니라 가슴에 남아야 한다. 그리고 그런 단어를 고를 줄 아는 사람만이, 차별화된 공인중개사가 된다. 말은 현실을 바꾸는 가장 빠른 도구다. 그리고 단어는 그 도구의 가장 날카로운 끝이다.

그날 이후 세 사람은 각자의 중개 언어를 정리하기 시작했다.

유서연은 단지 내 고객들에게 보내는 문자도 바꾸었다.

예전에는 "이번에 좋은 조건의 매물이 나왔어요"라고 보냈다면, 이제는 "이 매물은 고객님 사업 스타일과 동선에 가장 잘 맞을 것입니다"로 바꼈다.

정민우는 블로그 글과 소개서 문장을 수정했다.

"빠르게 계약되길 바랍니다"라는 문장 대신 "고객님의 투자 흐름에 부합되는 적기 매물입니다"라고 고쳤다.

작은 변화지만, 고객의 반응은 달라졌다.

전화 응대 시에도 "싸고 괜찮아요" 대신 "수익과 안정성이 균형 잡힌 선택입니다"라고 말할 때 고객의 반응이 달라졌다.

김 교수는 말했다.

"계약은 고객의 머리로 맺어지는 게 아니라, 감정이 허락했을 때 이뤄지는 것입니다. 그리고 그 감정을 움직이는 것은 바로 당신이 고른 단어예요."

'단어 선택'은 공인중개사의 실력이다. 정보는 누구나 전달할 수 있지만, 감정은 아무나 건드릴 수 없다. 감정을 건드릴 수 있는 단어를 고르는 사람, 그 사람이 진짜 공인중개사다.

김 교수의 한마디

공인중개사의 말은 정보가 아니라 인상입니다. 같은 매물도 어떤 단어를 쓰느냐에 따라, '가치'가 되기도 하고 '싸구려'가 되기도 합니다. 당신이 고른 단어가 고객의 감정을 움직이고, 계약의 문을 엽니다.

고객이 먼저 연락하게
만드는 말 한마디

"이 매물, 아직 안 나갔죠?"

그 한마디를 고객 입에서 듣게 되는 순간, 공인중개사는 이미 절반의 성공을 거둔 셈이다. 하지만 이런 반응을 끌어내는 것은 단순한 매물 소개나 가격 경쟁력이 아니다. 그 말 한마디를 유도하는 데는 공인중개사의 언어 전략이 숨어 있다.

그날도 김 교수는 한 가지 상황을 제시하며 수업을 시작했다.

"두 분, 전화 상담이 끝났는데 고객이 아무 말도 없이 끊었다면, 어떤 대응을 하시겠습니까?"

유서연이 조심스럽게 말했다.

"다음에 다시 연락드리겠다고 하고 마무리하겠죠."

정민우는 말했다.

"기억에 남게 한마디라도 더 하려고 합니다. 예를 들어, 다음에 새 매물 나올 때 알려드리겠다고요."

김 교수는 고개를 끄덕였다.

"맞습니다. 그런데 중요한 것은 '어떤 말로 기억에 남느냐'입니다. 고객이 당신을 떠올리는 상황을 구체적으로 상상해보세요."

그는 칠판에 문장 하나를 썼다.

> "다른 매물을 보시기 전에, 저한테 먼저 연락해주세요. 고객님 스타일을 누구보다 잘 알거든요."

유서연과 정민우는 동시에 웃음을 지었다.
김 교수는 설명을 덧붙였다.

"공인중개사가 먼저 고객의 스타일과 니즈를 이해하고 있다는 느낌을 주면, 고객은 정보가 필요할 때 당신을 먼저 떠올립니다. 그리고 그 순간, 당신에게 먼저 연락하게 되는 거죠."

유서연은 최근 한 고객과의 경험을 떠올렸다.

"맞아요. 얼마 전에도 제가 '이 동선에 잘 맞을 것 같아 연락드렸다'라고 했더니, 고객이 '어떻게 제 생각을 딱 맞췄냐'며 오히려 연락을 자주 주시더라고요."

정민우도 사례를 꺼냈다.

"저는 문자 마지막에 항상 이런 문장을 넣습니다. '이번 매물이 안 맞으셔도, 다음 번엔 더 정확한 조건으로 안내해드릴게요.' 이 멘트 이후에 먼저 연락 오는 경우가 확실히 늘었어요."

김 교수는 고개를 끄덕이며 다시 물었다.

"여러분, 고객은 왜 먼저 연락할까요?"

두 사람은 잠시 고민하더니 동시에 대답했다.

"기억에 남기 때문입니다."
"정확합니다. 그런데 여기서 더 중요한 것은, 어떤 기억으로 남는가입니다. 그 기억이 '편안한 설명을 해주는 사람'인지, '날 정확히 이해하는 사람'인지, '매번 귀찮게 하는 사람'인지에 따라 고객의 선택은 완전히 달라집니다."

그날 이후 세 사람은 '기억에 남는 한마디'를 정리하기 시작했다.

"이번 매물은 고객님이 가장 중요하게 보신 조건에 맞춰 찾은 것입니다."

"다음 매물 볼 때도 고객님 상황을 먼저 고려해서 선별해드릴게요."

"시간 내주셔서 감사합니다. 다음에는 더 맞춤형으로 준비하겠습니다."

"좋은 매물은 순간에 결정됩니다. 그 타이밍, 제가 챙겨드릴게요."

"고객님만을 위해 따로 체크해둔 매물이 있습니다."

"다음 주쯤 조건에 맞는 매물이 나올 것 같은데, 바로 연락드릴까요?"

"그 매물보다 더 좋은 동선이 하나 있습니다. 소개해드려도 될까요?"

그리고 어느 날, 정민우의 핸드폰이 울렸다. 낯익은 번호였다. 예전에 상담만 하고 끝났던 고객이었다.

"혹시 아직 그 매물 남아 있나요? 다른 데서 봤는데, 선생님이 소개해준 곳이 더 마음에 남네요."

그 짧은 통화 이후, 그는 다시금 깨달았다. 말은 공인중개사의 도구가 아니다. 그것은 신뢰의 시작이다. 말 한마디가 계약으로 이어지지는 않는다. 하지만 그 말이 없으면 계약은 절대 오지 않는다.

그래서, 고객이 먼저 연락하게 만드는 말은 기술이 아니라 '철학'에서 시작된다. 고객을 '매물 소비자'가 아닌, '함께 갈 파트너'로 보는 철학. 그 철학이 담긴 한마디가, 공인중개사의 하루를 바꾸고, 인생을 바꾼다.

김 교수의 한마디

고객의 전화는 정보 때문이 아니라, 기억 때문입니다. 내가 고객의 스타일을 기억하고, 흐름을 읽고 있다는 한마디가 '다시 연락해야 할 사람'으로 나를 각인시킵니다. 말은 계약보다 먼저 오는 신뢰의 문입니다.

말을 설계하는 공인중개사는 계약을 설계한다

> "고객이 마음을 열어야 계약이 열린다."

그날 수업의 첫 문장은 이랬다. 김 교수는 칠판에 큰 글씨로 써 내려 갔다.

유서연과 정민우는 그 문장을 노트에 옮기며 고개를 끄덕였다.

"공인중개사가 말을 설계할 줄 모르면, 계약도 흐름을 잃습니다. 말 은 곧 설계도입니다."

그날 수업은 '설계된 대화'라는 주제로 진행되었다. 김 교수는 실제 상담 사례를 꺼내며 설명했다.

"어떤 고객은 가격부터 묻고, 어떤 고객은 분위기부터 따집니다. 그런데 그것을 고객이 먼저 이야기하게 두지 말고, 공인중개사가 말의 흐름을 유도해야 해요. 가격을 말할 때는 타이밍이 중요하고, 분위기를 이야기할 때는 공감을 먼저 심어야 하죠."

정민우가 고개를 끄덕이며 말했다.

"최근에 계약 하나가 틀어질 뻔했는데, 마지막에 한마디가 상황을 바꿨습니다. '사장님은 공간의 첫인상을 중요하게 생각하셨잖아요. 이 공간, 들어올 때 느낌이 딱 왔다 하셨잖아요' 라고 했더니 다시 결정하셨죠."

유서연도 사례를 꺼냈다.

"저는 매물 소개 전에 항상 이런 말을 해요. '오늘 보여드릴 곳은 고객님 성향에 맞춰 고른 매물입니다. 혹시 아니더라도, 이유를 들려주시면 다음에는 더 맞는 것을 찾겠습니다.' 그러면 고객이 본인의 니즈를 스스로 말하게 돼요."

김 교수는 말했다.

"그게 바로 설계된 말입니다. 단순히 설명하는 게 아니라, 흐름을 조율하는 것. 말 한마디로 고객의 니즈를 끌어내고, 방향을 바꿔주고, 결정까지 밀어주는 것."

그는 칠판에 세 가지 키워드를 적었다.

1. 유도(誘導) – 고객의 니즈를 말하게 하라.
2. 유연(柔軟) – 말의 흐름은 상대에 따라 조율하라.
3. 유효(有效) – 마지막 말은 결정으로 이어져야 한다.

"이 세 가지를 기억하세요. 중개는 물건을 설명하는 게 아니라, 결정을 유도하는 것입니다."

정민우는 말했다.

"그런데 이런 말의 설계는 하루아침에 되지 않더라고요. 매번 적어보고, 실패해보고, 다시 고쳐야 하죠."

김 교수는 고개를 끄덕이며 마무리했다.

"그래서 중개는 기술이자 철학입니다. 말도 전략이고, 그 전략은 결국 '사람에 대한 이해'에서 시작됩니다."

그날 이후, 두 사람은 고객과의 상담을 녹음해서 듣기 시작했다.

'무심코 던졌던 말'이 얼마나 흐름을 바꿨는지, '놓쳤던 타이밍'이 어떻게 신뢰를 잃게 했는지 다시 점검했다.

유서연은 일기를 썼다. 하루 동안 고객에게 어떤 말을 했는지, 어느 지점에서 고객의 눈빛이 흔들렸는지, 어떤 멘트가 고객의 반응을 끌어냈고, 어떤 순간 침묵이 오히려 신뢰를 줬는지를 하나하나 기록했다.

정민우는 말 연습을 녹음했다. 고객에게 전할 말들을 시뮬레이션하며, 불필요한 말은 줄이고 핵심 메시지를 정제했다. 계약이 안 된 날도, 피드백을 받아 다시 그 말을 다듬었다.

두 사람의 말은 변해갔다.
단순한 정보 전달에서, 고객의 마음을 움직이는 설계된 대화로.

말은 설계다. 설계된 말이 설득이 되고, 설득이 계약이 된다.
감정이 묻어 있는 말, 배려가 담긴 말, 정확하게 니즈를 건드리는 말.

그래서 실력 있는 공인중개사는 매물보다 말을 먼저 설계한다. 말은 준비된 사람만이 다룰 수 있는 강력한 도구이기 때문이다.

김 교수의 한마디

중개는 설명이 아니라 설계다. 말은 감정의 흐름을 유도하고, 결정의 방향을 정한다. 무심한 한마디는 고객을 놓치지만, 설계된 한마디는 계약을 끌어당긴다. 말을 먼저 준비하는 사람이, 계약도 먼저 만든다.

결국 말도 전략이다

"계약은 결국, 말을 어떻게 써서 흐름을 유도하느냐의 문제입니다."

김 교수는 말의 전략성을 설명하며 수업을 시작했다.
단순히 예쁘게 말한다고 되는 것도 아니고, 무조건 많이 안다고 유리한 것도 아니라는 것이 그의 일관된 입장이었다.

"공인중개사가 말을 전략적으로 써야 하는 이유는 명확합니다. 고객은 본능적으로 '설명'을 경계하지만, '설계된 말'에는 자연스럽게 반응하기 때문이죠."

유서연은 고개를 끄덕이며 메모했다.
지난주에도 고객이 돌아간 이유가 떠올랐기 때문이다. 그날 그녀는 매물 설명에 집중하느라 고객이 진짜 듣고 싶어 하는 부분을 놓쳤다. 돌아서며 고객이 말했다.

"뭐… 그냥 다른 데도 한 번 더 보고 결정할게요."

그 말 속에는 이미 계약이 멀어졌다는 신호가 들어 있었다. 지금 그녀는 그 차이를 이해하기 시작했다.

"전략적인 말은 타이밍, 구조, 감정, 이 세 가지를 고려해야 합니다."

김 교수는 다시 칠판에 글씨를 적었다.

---

1. 타이밍 – 정보를 주는 시점이 중요하다. 먼저 말하면 부담이고, 늦게 말하면 신뢰를 잃는다. 타이밍은 상대가 마음을 여는 순간에 맞춰야 한다.
2. 구조 – 말의 순서가 설득의 구조를 만든다. 정보 전달보다 중요한 것은 이야기의 흐름이다. 앞뒤가 바뀌면 설득력이 떨어진다.
3. 감정 – 상대의 감정을 따라가는 말은 신뢰를 얻는다. 감정의 결을 맞추면 말의 울림이 달라진다.

정민우가 말했다.

"교수님, 저 요즘 느낍니다. 고객이 '마음이 식는 순간'이 진짜 존재한다는 것을요. 분위기가 딱 끊기면, 설득이 아니라 위로를 해야 할 정도더라고요."

김 교수는 웃으며 답했다.

"그것을 알아챘다면 이제 말도 전략이 필요하다는 것을 느꼈겠네요."

유서연은 혼잣말처럼 말했다.

"결국 그 말이 언제, 어떻게, 왜 나왔느냐가 핵심이네요."
"그렇죠. 말도 '배치'의 기술입니다. 어디에 넣느냐, 어떤 감정선에 얹느냐, 어떤 흐름으로 꺼내느냐. 이게 전략입니다."

정민우는 최근 녹음한 상담 통화 몇 개를 다시 들어보며 자신의 말들을 되짚었다. 정보는 많았지만, 전략이 없었다. 필요한 말이 아닌, 자기가 하고 싶은 말을 했던 순간이 유독 많았다.

유서연도 바뀌기 시작했다. 말 한마디를 하기 전, 상대의 표정과 말투를 먼저 관찰했다. 타이밍을 재고, 순서를 고민했다. 그녀는 지금 말의 전략을 배우는 중이었다.

어느 날, 정민우는 단골 손님에게 이렇게 말했다.

"대표님, 이 자리는 단순한 임대료가 아니라 회전율에서 수익이 갈립니다. 근처 가게들이 잘되는 이유는 유동 인구가 아니라 체류 시간 때문이에요."

그 말에 고객은 고개를 끄덕였다. 분석이 아닌 '설계된 말'이 신뢰를 만든 것이다.

말은 기술이다. 하지만 그것보다 더 중요한 것은 말이 전략이라는 사실을 아는 것이다. 준비된 말은 신뢰를 만들고, 신뢰는 흐름을 만든다. 흐름은 계약을 만든다.

그리고 계약은 결국, 전략이 있는 공인중개사의 것이다. 그리고 그 전략은, 고객을 향한 집중에서 시작된다. 말은 흘러가는 것이 아니라 설계하는 것이다. 오늘도 두 사람은 다시 질문한다.

'이 말을 지금 꺼내는 게 맞을까?'
'고객은 지금 어떤 감정일까?'

그 질문이 쌓일수록, 그들의 말은 계약으로 이어지기 시작했다.

김 교수의 한마디

말은 기술이 아니라 흐름을 설계하는 전략이다. 계약은 설명이 아니라 흐름에서 나온다. 정보를 어떻게 말하느냐보다, 언제, 어떤 흐름 속에, 어떤 감정선 위에 얹느냐가 훨씬 중요하다. 말의 전략이 계약의 성패를 가른다.

PART
07

공인중개사의 무기는
콘텐츠다

글, 블로그, 제안서, 콘텐츠의 힘

기록하는 공인중개사가 남는다. 글은 24시간 나 대신 말해주는 또 하나의 입이다. 공인중개사의 무기는 콘텐츠다.

글을 쓰는 공인중개사와
안 쓰는 공인중개사의 차이

"기록하지 않는 공인중개사는 결국 사라진다."

김 교수는 블로그 운영, 제안서 작성, 고객 후기를 정리하는 것까지 모두 '글쓰기'의 일부라고 설명했다. 그는 글을 쓰는 행위가 단순한 홍보를 넘어서, 공인중개사의 내면을 드러내는 '태도'라고 강조했다.

"공인중개사는 매일 고객과 만나고, 현장을 보고, 계약을 고민하죠. 그런데도 그 모든 흐름을 글로 남기지 않는다는 것은, 나중에 아무것도 쌓이지 않는다는 뜻입니다."

유서연은 조용히 고개를 끄덕였다.

초창기에는 블로그도 만들었고, 전단 글도 직접 썼다. 하지만 시간이 지나며 바빠졌다는 이유로 점점 하지 않게 되었다. 돌아보면, 계약서만

남고 '기록'은 사라졌다.

김 교수는 칠판에 두 문장을 적었다.

> 1. 글을 쓰는 공인중개사 = 하루를 해석하는 사람
> 2. 글을 쓰지 않는 공인중개사 = 하루를 소비하는 사람

정민우가 물었다.

"저도 블로그를 열어놨지만 한참을 안 썼어요. 글을 쓰는 것이 어렵고, 누가 보나 싶어서요."

"그렇죠. 대부분 그렇게 생각하죠. 그런데요, 글은 처음부터 누굴 위한 것이 아닙니다. 글은 나를 정리하는 도구입니다. 내가 어떤 고객을 만났고, 어떤 질문을 받았고, 그때 무슨 통찰이 떠올랐는지를 매일 쓰다 보면, 어느 순간 그 글이 계약으로 연결됩니다."

유서연은 손에 쥔 볼펜을 꾹 눌렀다.
그녀는 며칠 전 고객과 통화 중에 했던 인상 깊은 말을 떠올렸다.

"이 위치는 통학로보다는 퇴근길에 더 강합니다."
그 말은 계약으로 이어졌고, 다시 생각해보니 블로그 글로도 풀 수 있는 문장이었다.

정민우는 자신이 겪은 '첫 클레임' 이야기를 떠올렸다.
고객이 화를 내고 돌아선 날, 그는 밤새 술만 마셨다. 그런데 '만약, 그날 글을 썼다면 어땠을까?' 감정이 정리되고, 다음 고객에게는 달라

진 말투로 대응했을 것이다.

"글은 내 경험을 다시 살아보는 일입니다. 한 번의 실패도, 두 번의 성공도 글로 남길 때 다음 중개에 쓰일 자산이 됩니다."

김 교수의 말에 두 사람 모두 숨을 고르며 노트를 폈다.

그리고 오늘 하루 있었던 상담 내용을 글로 풀어내기 시작했다.

"글을 쓴다는 것은 단순한 콘텐츠 생성이 아닙니다. 그것은 당신이 누구인지, 무엇을 중요하게 여기는지를 매일 정의해나가는 행위입니다."

김 교수는 덧붙였다.

"글을 쓰는 공인중개사는, 말보다 더 오래 남는 신뢰를 만든다."

유서연은 노트북을 열었다.
오래전 쓰다 멈춘 블로그에 다시 로그인했다. 그리고 조용히 제목을 썼다.

'퇴근길을 사로잡은 중개 이야기'

정민우도 휴대폰 메모장을 열고 손가락을 움직이기 시작했다.

'첫 클레임의 날, 나는 무너졌지만 배웠다.'

작은 기록이지만, 두 사람은 알았다. 이 글이 언젠가 반드시, 누군가에게 닿으리라는 것을….

말은 지나가고, 글은 남는다. 글이 남으면 브랜드가 쌓이고, 브랜드가 쌓이면 누군가는 '당신을 검색'하기 시작한다. 그 순간부터 글을 쓰는 공인중개사는 계약보다 더 큰 무기를 가지게 되는 것이다.

'오늘 당신은 무엇을 보고, 누구를 만나, 어떤 감정을 느꼈는가?'

이 질문에 스스로 답할 수 있다면, 그것이 바로 당신만의 콘텐츠다. 그리고 그 콘텐츠는 언젠가 반드시, 당신을 위해 일하게 된다.

김 교수의 한마디

글을 쓴다는 것은, 계약보다 먼저 나를 설계하는 일입니다. 지나간 경험도, 실패도, 통찰도 글로 남겨야 자산이 됩니다. 말은 순간을 바꾸지만, 글은 당신의 미래를 바꿉니다.

블로그는 오늘의 기록이 아니라
내일의 계약이다

정민우는 요즘 매일 저녁, 블로그를 연다. 처음에는 어색했다. 어떤 말을 써야 할지도 몰랐고, 괜히 창피하기도 했다. 하지만 김 교수의 말이 계속 떠올랐다.

"블로그는 계약을 만드는 공간이 아니라, 당신의 시선을 만드는 공간입니다."

블로그는 단순한 포트폴리오가 아니다. 매일의 감각, 현장에서의 관찰, 고객의 반응을 글로 풀어내는 훈련장이다. 정민우는 매물을 소개하는 글보다, 자신이 어떤 시선으로 그 매물을 바라봤는지를 더 많이 쓰기 시작했다.

"이 매물은 평수보다 동선이 매력이다."
"이 건물은 임대료보다 주차장이 관건이다."

그렇게 쓴 글은 조회 수는 적었지만, 며칠 뒤 전화가 왔다. 블로그를 보고 연락했다는 젊은 부부였다. 그들은 말했다.

"다른 블로그는 조건만 써 있던데, 선생님은 왜 이 매물에 주차장을 강조하셨는지 이해가 되었어요. 저희도 그게 제일 중요했거든요."

유서연도 점점 글을 쓰는 습관이 붙었다.

처음에는 하루를 정리하는 일기처럼 썼다. 고객과 어떤 대화를 나눴고, 어떤 포인트에서 반응했는지. 그것을 정리해두니 상담이 점점 쉬워졌다. 같은 질문을 다시 받을 때마다 예전 글을 찾아보고 답을 조율할 수 있었기 때문이다.

김 교수는 말했다.

"블로그는 기록이 아닙니다. 블로그는 예행 연습입니다. 내일 올 고객을 위한 연습장입니다."

계약은 우연히 오지 않는다. 어제 쓴 글 한 줄이, 오늘의 상담을 바꾸고, 내일의 계약을 이끌어낸다. 그 글은 당신이 누구인지, 어떻게 생각하는 사람인지를 세상에 말해주는 방식이기도 하다.

정민우는 매물 정보만 올리던 블로그에 요즘은 '공인중개사의 일상'을 나누기 시작했다. 어떤 날은 커피숍에서 고객을 기다리며 느낀 감정, 어떤 날은 답답한 상가 공실을 보고 품었던 생각 등을 적었다.

"결국 블로그는 계약보다 사람을 남기는 공간입니다."

유서연은 말했다.

"이제는 글을 쓰고 나면 마음이 정돈돼요. 제가 이 일을 왜 하고 있는지도 다시 생각하게 되고요."

말은 순간이고, 글은 축적이다. 블로그는 단지 기록이 아니라, 당신의 내일을 준비하는 또 하나의 상담실이다. 김 교수는 블로그가 단순한 마케팅 도구가 아니라고 강조한다.
그는 이렇게 말했다.

"블로그는 당신이 매일 어떤 생각을 하고 있는지, 고객을 어떤 시선으로 바라보는지를 세상에 알리는 통로입니다. 누군가는 검색하다가 당신의 그 생각을 읽고 연락할 수도 있어요. 그것은 광고가 아닌 공감에서 시작되는 신뢰죠."

어느 날, 유서연은 블로그에 '계약이 성사되지 않은 날'에 대한 글을 올렸다. 매물도 좋았고, 상담도 잘 풀렸지만 막판에 다른 공인중개사가 가져간 케이스였다. 그녀는 글에서 자신의 부족함을 적고, 다음에는 어떤 보완을 하겠다고 다짐했다. 뜻밖에도 그 글에는 많은 댓글이 달렸다. 같은 업계 사람들뿐만 아니라, 고객들도 공감의 말을 남겼다.

정민우는 '공인중개사의 하루'라는 제목으로 블로그 시리즈를 시작했다. 아침에 출근하면서 보는 거리의 풍경, 점심시간에 스쳐간 사람들의 대화, 저녁 상담 후 느꼈던 감정까지. 누군가가 보기에는 소소한 기록이지만, 그는 그것이 자기만의 시선을 만드는 훈련이라고 믿었다.

블로그는 단지 오늘의 매물을 올리는 공간이 아니다. 그것은 당신의 세계관, 중개 철학, 고객을 대하는 태도가 쌓이는 공간이다. 그 글들이 쌓일수록, 사람들은 당신을 '조건이 아닌 관점'으로 기억하게 된다.

결국, 중개는 정보 전달이 아니다. '내가 이 매물을 어떻게 보고 있는가'를 말하는 일이다. 블로그는 그것을 가장 잘 보여줄 수 있는 도구다.

지금, 이 순간에도 누군가는 검색창에 키워드를 넣고 당신을 찾고 있을지 모른다. 검색 결과에 '당신의 생각'이 담긴 블로그가 걸린다면, 이미 반은 연결된 것이다.

김 교수의 한마디

블로그는 매물을 올리는 공간이 아니라, 당신의 시선을 쌓는 공간입니다. 계약은 정보가 아닌 공감에서 시작되고, 글은 그 공감을 설계하는 도구입니다. 지금 쓰는 글 한 줄이, 내일의 고객과 당신을 연결합니다.

내 브랜드를 드러내는
제안서 구성법

유서연은 요즘 상담이 끝나면 늘 하나의 파일을 꺼낸다. 그녀만의 제안서다. 단순한 매물 설명서가 아니다. 고객의 니즈를 반영해 구성한 '맞춤형 제안서'였다.

예전에는 고객이 원하는 매물을 몇 개 뽑아 그저 나열하듯 보여줬지만, 지금은 고객의 상황에 따라 구조, 입지, 조건, 유사 사례를 정리한 문서로 소개한다.

그녀의 제안서는 더 이상 '정보'가 아닌 '배려'였다.

김 교수는 이렇게 말했다.

"제안서는 매물 설명이 아닙니다. 고객에게 주는 하나의 신뢰입니다."

정민우는 처음에는 제안서 작성이 귀찮았다. 매번 같은 내용을 반복하는 것 같았고, 어차피 고객은 현장에서 결정하는 게 아니냐고 생각했다. 하지만 어느 날 고객의 말 한마디가 그의 생각을 바꿨다.

"대표님이 정리해주신 자료 덕분에 다른 공인중개사랑은 비교도 안 했어요. 남편이 이 제안서를 보고 바로 신뢰가 생겼다고 하더라고요."

그날 이후, 그는 매물 정보, 지역 시세, 상권 흐름, 임대차 조건뿐만 아니라 고객의 우선 고려 요소까지 요약한 제안서를 만들기 시작했다. 단순한 표와 사진이 아니라, 고객이 중요하게 생각할 만한 지점에 밑줄을 긋고, 비교표를 만들어 선택을 돕는 방식이었다. 심지어는 한 장짜리지만 핵심을 정리한 요약본도 함께 제공했다. 바쁜 고객일수록 핵심만 보고 판단하길 원하기 때문이다.

유서연도 최근에는 제안서 앞 장에 이렇게 적는다.

"이 문서는 단순한 매물 요약이 아닙니다. 고객님께 가장 적합한 선택지를 고민한 저의 제안입니다."

제안서는 브랜드를 말하지 않는다. 하지만 그 구성을 보면 고객은 느낀다. 이 사람이 얼마나 진지하게 자신을 대하고 있는지. 말이 많지 않아도, 설명이 길지 않아도, 이 문서를 통해 신뢰는 자연스럽게 쌓인다. 그녀는 제안서 마지막 장에 작은 메모 란을 추가했다.

'오늘 미팅에서 가장 중요하다고 느끼신 점은 무엇인가요?' 고객이 손으로 적는 그 한 줄의 피드백이, 다음 상담의 방향을 바꾼다.

김 교수는 제안서를 만드는 데도 '생각'이 들어가야 한다고 말한다.

단순히 복사-붙여넣기식 매물 소개가 아니라, 고객의 문제를 해결하기 위한 솔루션으로서 제안서가 설계되어야 한다는 것이다.

"제안서라는 것은 사실, 고객을 위한 보고서입니다. 지금 그 사람이 어떤 고민을 안고 있고, 어떤 기준에서 선택하려고 하는지를 대신 정리해주는 거죠. 그러면 고객은 이런 생각을 하게 됩니다. '이 사람은 내 상황을 이해하고 있구나', 그 순간 이미 절반은 설득된 것입니다."

정민우는 최근 제안서를 만들 때마다 질문을 하나씩 넣는다.

'주차 공간이 부족하면, 이 매물은 적절할까?'
'주거 수요가 많은 지역이라면, 이 업종은 어떤 영향을 받을까?'
'낮 시간대 유동 인구와 저녁 유동 인구가 갈릴 때, 타깃 고객은 누구여야 할까?'

그 질문이 고객의 마음을 건드렸다. 단순한 설명이 아니라, 생각할 거리를 던져준 것이다. "이 질문 덕분에 한 번 더 고민해봤어요"라는 고객의 말은, 단순한 정보 제공을 넘어선 신뢰의 시작이었다.

유서연은 요즘 자주 들은 말을 기록해 제안서에 반영한다.

"아이 등원 동선이 짧았으면 좋겠어요."
"낮엔 조용하고 저녁엔 유동이 있으면 좋겠어요."
"창문 많은 매장은 관리가 귀찮아서 피하고 싶어요."

그녀는 매물 추천 페이지 아래, 그 말들을 다시 적어두었다.

'이 조건은 고객님의 니즈와 어떤 점에서 일치하는지' 간단하게 설명하며 고객은 자신이 한 말을 기억해준다는 사실에 신뢰를 느꼈고, 설명보다 공감으로 이어졌다.

결국 제안서는 말 없는 상담이다. 고객이 집에 돌아간 뒤에도, 다시 꺼내보게 되는 대화의 연장이다. 그 안에 담긴 배려, 구성, 시선이 바로 당신의 브랜드가 된다.

그리고 제안서를 통해 남기는 인상은, 다음 계약으로 이어지는 작은 씨앗이 된다. 어쩌면 브랜드는 로고나 간판이 아니라, 이런 사소한 '정성'에서부터 시작되는 것일지 모른다. 그 정성의 반복이 결국 당신을 '기억되는 사람'으로 만든다.

김 교수의 한마디

제안서는 말 없는 상담입니다. 그 안에 담긴 배려와 구성, 질문과 정리는 곧 당신의 브랜드가 됩니다. 고객은 설명보다 정성에 반응합니다. 그리고 그 정성은 반드시, 다음 계약으로 이어집니다.

고객의 검색에 걸리는
콘텐츠의 비밀

정민우는 출근하자마자 먼저 자신의 블로그 대시보드를 켠다. 오늘은 몇 명이 검색으로 유입되었는지, 어떤 키워드로 들어왔는지를 살펴보는 것이 그의 아침 루틴이다.

사실 처음에는 낯설었다.

'내가 뭘 써야 하지?', '이걸 누가 읽는다고?'
그런 생각이 들었지만, 어느 날 블로그를 보고 전화를 걸어온 고객한 명이 그의 생각을 완전히 바꿔놓았다.

"정 실장님, 혹시 이 매물 아직 있나요? 블로그 글 보고 연락드렸어요. 설명이 너무 자세해서 다른 데는 눈에 안 들어오더라고요."

그때 그는 처음 알았다. 내가 쓴 글 하나가 고객의 검색에 정확히 걸릴 수 있다는 사실을. 단순한 광고보다, 누군가의 고민을 대신 정리해 준 콘텐츠가 더 큰 힘을 발휘한다는 것을.

김 교수는 콘텐츠를 말할 때 늘 이렇게 말했다.

"고객은 검색할 때, 정보를 찾는 것이 아닙니다. 자기 문제에 대한 해결을 찾는 거예요."

유서연은 최근 들어 고객이 자주 하는 질문이나 고민을 수집해 블로그 글로 쓴다.

"피트니스 매장, 2층 괜찮을까요?"
"월세가 좀 높더라도 입지가 좋으면 감당할 수 있을까요?"
"야간 유동 인구 많은 매물, 단점은 없을까요?"

이런 글들은 검색에 잘 걸릴 뿐만 아니라, 실제 고객들의 고민을 정확히 짚기 때문에 오래도록 조회 수가 유지된다.

그녀는 글을 쓸 때 단 하나의 원칙을 정했다. 바로, '광고처럼 보이지 않아야 한다'라는 것이다. 그래서 매물 사진보다 먼저 고객의 상황을 먼저 이야기한다.

'30대 여성 창업자가 찾는 조건은 무엇일까?'
'오피스 상권에서 고정고객을 만드는 핵심은?'

이런 글들은 곧바로 답을 제시하지 않고, 고객이 스스로 고민을 확장

하게 만든다.

정민우는 제목에 특히 신경을 쓴다.

'간판 잘 보이는 1층 매장'이라고 하는 대신, '간판이 보이지 않는 매장에서 매출을 만드는 방법'처럼 고객의 궁금증을 자극하는 방식으로 했다. 그 덕분에 검색 유입이 확 늘었고, 글을 끝까지 읽는 고객이 많아졌다.

그는 또 하나의 규칙을 세웠다.

'읽는 사람 입장에서 시작할 것.'
그래서 단순히 '월세 500만 원에 보증금 5,000만 원'처럼 건조한 정보가 아니라, '이 자리에 왜 이런 가격이 붙었는지를 해석해주는 방식'을 택한다.

김 교수는 말했다.

"검색에 걸리는 콘텐츠는 검색어만 맞춘다고 되는 게 아닙니다. 고객이 원하는 '맥락'까지 읽어야죠."

그래서 그들은 콘텐츠를 만들 때, 단순히 키워드에 의존하지 않는다. 타깃 고객의 고민, 지역의 흐름, 매물의 숨겨진 특징까지 함께 녹여낸다. 지역 주민만 아는 점심시간 유동 인구의 흐름, 주차 공간의 실제 체감, 경쟁 매장의 운영 시간 등 현장 중심의 해석을 담아낸다.

유서연은 블로그 하단에 이런 문장을 자주 넣는다.

"비슷한 고민이 있으셨다면, 언제든 메시지 주세요. 당신의 상황에 맞춘 조언을 드릴 수 있습니다."

이러한 말 한 줄이, 고객에게는 '광고'가 아닌 '사람'으로 다가온다.

정민우는 고객과 블로그 댓글로 주고받는 대화가 쌓이면서, 고객이 그를 '이미 만난 사람'처럼 느낀다는 것을 자주 체감한다.

"실제로 뵙기 전에 글을 통해 이미 친근해졌어요"라는 말을 들을 때마다, 그는 글을 쓰는 행위가 단순한 정보 전달이 아니라 관계 형성의 시작임을 깨닫는다.

검색은 기술이지만, 콘텐츠는 결국 감정이다. 검색창에 키워드를 넣는 순간, 고객은 누군가의 말이 아니라, 자신의 상황에 맞는 이야기를 찾는다. 그리고 그 이야기를 먼저 꺼내주는 공인중개사를 만났을 때, 연락을 하게 되는 것이다.

정민우는 최근 이런 경험을 했다. 블로그에 올린 한 포스팅에 '좋아요'와 댓글이 달렸고, 며칠 뒤 같은 고객이 상담 예약을 했다.

"대표님이 이 지역을 얼마나 분석했는지 글만 봐도 느껴졌어요."

검색에 걸리는 콘텐츠란, 단지 노출을 위한 수단이 아니다. 그것은 고객과 '먼저' 대화하는 방식이고, 만남 이전에 신뢰를 쌓는 통로다. 글

속에서 고객은 자신의 고민을 발견하고, 공인중개사는 그것을 먼저 알아채는 사람으로 각인된다.

오늘 당신이 쓰는 한 줄의 콘텐츠가, 누군가의 검색에 걸려 그 사람의 결정을 바꿔놓을 수 있다. 그러니 콘텐츠를 쓸 때는 '글'이 아닌 '대화'라고 생각하라.

그 대화는 생각보다 훨씬 먼 곳까지 닿는다. 누군가는 오늘 당신의 콘텐츠를 통해 '이 사람에게 상담을 받아야겠다'라고 결심하게 될지도 모른다.

🪪 김 교수의 한마디

검색에 걸리는 콘텐츠는 단지 키워드가 아니라 '고객의 마음에 먼저 도착하는 대화'입니다. 글은 광고가 아닌 연결의 시작이고, 콘텐츠는 결국 관계입니다. 고객보다 먼저 고민하고, 먼저 말 걸고, 먼저 공감하는 사람이 결국 선택받습니다.

문의만 받고 끝나는 글 vs
상담으로 이어지는 글

유서연은 블로그에 글을 올린 지 꽤 시간이 지났지만, 여전히 문의만 받고 실제 상담으로 이어지지 않는 경우가 많았다.

"매물 정보 감사합니다", "잘 봤어요" 같은 댓글은 달리지만, 연락처를 남기거나 방문 예약으로 연결되는 경우는 드물었다.

그녀는 어느 날, 김 교수에게 조심스레 물었다.

"교수님, 왜 제 글은 다 읽고 나서 그냥 가버리는 걸까요?"
"글은 정보 전달로 끝나면 안 됩니다. 행동을 유도하는 장치가 있어야 해요. 독자가 '그래서 나는 어떻게 해야 하지?'라는 질문을 품게 해야 하죠."

정민우도 그 문제로 한동안 고민이 많았다. 그는 블로그에 열심히 글을 썼고, 유입도 나쁘지 않았다. 그러나 실질적인 상담은 뜸했다. 그러던 중, 김명식 교수가 남긴 조언 하나가 그의 글을 바꿔놓았다.

"공인중개사의 글은 문제 해결서가 아닙니다. 고객과의 대화입니다. 글 끝에 질문을 남겨보세요. 고객이 스스로 답하게끔."

그때부터 정민우는 글의 끝을 바꿨다. 단순히 정보를 마무리하는 게 아니라, 고객에게 한마디 던졌다.

"당신의 상황에서는 어떤 선택이 맞을까요? 직접 고민을 나누고 싶다면, 메시지 주세요."

이 작은 변화가 그의 블로그에 큰 반응을 불러왔다. 고객들은 단순한 매물 정보가 아니라, 자신의 상황에 맞는 조언을 구하고 싶어 했다. 그렇게 시작된 대화가 실제 상담으로 이어졌다.

유서연은 '행동 유도형 글쓰기'라는 개념을 도입했다.
고객이 글을 읽고 나서 무엇을 해야 할지 자연스럽게 안내하는 것이다. 예를 들어, '좋은 입지의 매물을 찾는 것도 중요하지만, 당신의 업종과 운영 스타일에 맞는 해석이 필요합니다. 그런 해석이 필요하시면 상담을 요청해주세요'와 같은 문장으로 마무리했다.

김 교수는 강조했다.

"중개 콘텐츠의 궁극적인 목적은 고객의 결정을 돕는 것, 그리고 행동을 유도하는 것입니다. 단지 읽고 끝나는 글은 기억되지 않아요."

정민우는 또 하나의 패턴을 발견했다. 글의 톤이 상담에 영향을 미친 다는 것이다. 너무 딱딱하거나 정보 전달 위주로만 쓰면, 고객은 부담 을 느낀다. 그래서 그는 자신만의 목소리로, 말하듯 쓰기 시작했다.

"저도 처음에는 이 매물이 별로라고 생각했어요. 그런데 현장 가보 니 생각이 바뀌더군요."

이런 인간적인 문장이 상담률을 높였다. 고객은 정보보다 감정을 따 라 움직인다. 글 안에 사람의 온도가 묻어날 때, 고객은 반응한다. 진정 성은 스펙보다 강하다.

유서연은 최근 이런 방식으로 글을 썼다.

'월세는 저렴하지만, 주변 상권이 약한 매물'에 대해 솔직하게 단점 을 짚은 뒤, '그럼에도 불구하고 이 매물을 선택한 창업자의 이유'를 담 았다. 이 글은 평소보다 3배 이상의 조회 수를 기록했고, 실제 상담으 로 연결되었다. 댓글과 문의는 물론, 자영업 커뮤니티에서도 글이 공유 되었다.

또한 그녀는 사진 구성도 바꿨다. 평면도와 조건만 나열하던 방식에 서 벗어나, 실제 운영자의 인터뷰나 장단점을 비교하는 방식으로 접근 했다. '단순한 소개'에서 '해석과 제안'으로 바뀐 것이다. 이런 차이가 글의 밀도를 높이고, 고객의 신뢰를 끌어냈다.

그녀는 깨달았다. 글은 솔직해야 하고, 감정을 담아야 하며, 행동을 설계해야 한다는 것이다. 단순히 '좋은 매물입니다'라고 말하기보다는,

'이 매물이 당신에게 적합할 수 있는 이유'를 함께 풀어주는 방식이 상담으로 이어지는 힘이 된다. 그리고 그 이유는 데이터나 조건이 아니라 '사람의 이야기'여야 한다.

결국 상담으로 이어지는 글은 다르다. 독자의 감정에 반응하고, 스스로 고민하게 만들며, 자연스럽게 연락하고 싶게 만든다. 정보만 나열하는 글은 잊히지만, 감정과 질문이 담긴 글은 기억된다. 고객은 거래보다 공감에 먼저 반응한다.

정민우는 이제 글을 올릴 때마다 스스로에게 묻는다.

'이 글을 본 고객이 나에게 연락하고 싶은 마음이 들까?'
그리고 그 질문에 '예'라고 답할 수 있을 때까지 고친다.
그것이 바로, 상담으로 이어지는 글쓰기의 핵심이다. 그는 오늘도 이렇게 마무리 문장을 적는다.

"당신이 지금 고민하는 창업의 방향, 저와 함께 이야기해보시겠어요?"

글을 읽는 고객이 고개를 끄덕이며 휴대전화를 드는 순간, 상담은 시작된 것이다.

📖 김 교수의 한마디

글은 정보를 전달하는 수단이 아니라, 마음을 움직이는 장치입니다. 읽고 끝나는 글은 기억되지 않지만, 상담으로 이어지는 글은 행동을 설계합니다. 고객이 연락하고 싶게 만드는 글에는 늘 한 줄의 배려와 한 줄의 질문이 담겨 있어야 합니다.

사진 한 장도
계약의 도구가 된다

정민우는 블로그 글을 정리하다가 사진 폴더를 열어놓은 채 한 장의 이미지를 오랫동안 들여다보았다.

'이 사진이 고객을 움직일 수 있을까?'

단순히 매물의 정면 컷, 내부 전경, 그리고 구석진 평면도. 매번 반복되는 구성에 어딘가 모르게 지쳐 있었다.

하지만 김 교수의 말이 다시금 떠올랐다.

"사진도 중개의 언어입니다. 사진 한 장이 감정을 설득할 수 있어야 해요."

그 말 이후로, 정민우는 사진을 다시 보기 시작했다.

단순히 구조를 보여주는 것이 아니라, 그 공간에서 '무엇을 느끼게 할 것인가'를 고민하게 된 것이다. 같은 공간이라도 '고객이 앉았을 때 보이는 창밖 풍경', '점주의 시선에서 본 매장 내부', '햇살이 들어오는 오후의 테이블' 같은 시점은 전혀 다른 감정을 불러일으켰다.

유서연도 변화했다.

사진에 감정을 담기 시작했다. 예전에는 화각이 넓고 밝게 나온 사진만 골랐다면, 이제는 그 매장 안에서 실제로 '무엇을 할 수 있을지'를 느끼게 하는 장면을 고르기 시작했다. 한 사진 밑에는 이런 설명을 달았다.

"이 자리는 오후 3시가 되면 따뜻한 햇살이 깊게 들어옵니다. 커피숍을 하신다면, 고객은 이 자리에서 책을 펼치고 1시간도 머물고 싶어질 것입니다."

이 짧은 문장 하나가 사진의 분위기를 바꿨다. 고객은 마치 그 자리에 앉아 있는 듯한 느낌을 받았고, 글에 남긴 댓글은 이렇게 시작되었다.

"햇살 좋은 카페 자리를 찾고 있었는데, 이 사진을 보니 꼭 가보고 싶네요."

김 교수는 강조했다.

"고객이 사진을 보는 시간은 3초를 넘기기 어렵습니다. 그 안에 '느낌'이 있어야 해요. 평면도에는 동선의 논리가 담겨야 하고, 외관 사진에는 거리의 흐름이 느껴져야 합니다."

정민우는 이후 사진을 고를 때마다 스스로 질문을 던졌다.

'이 사진을 보고 내가 고객이라면 어떤 생각을 할까?',
'이 장면은 고객의 기대를 자극할 수 있을까?'

단순히 잘 나온 사진이 아니라, '이 장면이 의미 있는가'를 기준으로 삼았다.

그는 매물마다 다양한 시점을 담기 위해 여러 차례 현장을 방문했다.

점주의 자리에서 바라본 풍경, 손님이 입장하는 순간의 눈높이, 가게 안에서 창밖을 바라보는 감정. 이 모든 사진은 고객이 그 공간을 실제로 체험할 수 있도록 설계된 장면이었다. 그 결과, 상담 요청이 현저히 늘었다.

유서연도 사진에 사람을 넣기 시작했다.
단지 '빈 공간'이 아니라, '사람이 있는 공간'으로 보여주었다.
예를 들어, 테이블에 앉아 있는 손님의 뒷모습, 커피잔을 들고 창밖을 바라보는 점주의 실루엣 같은 장면은 공간을 생생하게 만들었다. 매물 정보가 아니라, 라이프스타일을 제안하는 듯한 느낌이 고객을 사로잡았다.

또한 그녀는 이전에는 평면도나 외관만 강조했지만, 이제는 '고객의 동선'과 '상권의 분위기'를 보여주는 컷을 추가했다.
예를 들어, 근처 유동 인구가 많이 지나다니는 골목, 주요 고객층이 이동하는 시간대의 모습, 해당 공간에서 바라본 교차로의 흐름 등은 고객에게 직접적인 상상력을 불러일으켰다.

그녀는 말했다.

"사진은 계약서보다 먼저 고객에게 도착하는 설득 자료예요. 말보다 빠르고, 느낌보다 오래 남죠."

정민우도 고개를 끄덕였다.

그는 이제 사진을 올릴 때마다 글과 짝을 맞춘다. '이 사진이 어떤 메시지를 전달해야 하는가'부터 고민한다. 설명은 최소화하고, 감정은 최대화한다.

결국, 사진도 전략이다. 좋은 사진은 조건을 말하지 않는다. 대신 공간의 스토리를 보여주고, 고객의 감정을 자극한다. 한 장의 사진이 매물을 설명하고, 공간을 설계하고, 고객의 마음을 움직인다. 그것이 계약을 이끄는 진짜 도구다.

김 교수의 한마디

사진은 중개의 첫 번째 대화입니다. 고객은 말보다 먼저 사진을 보고, 정보보다 먼저 감정을 느낍니다. 좋은 사진 한 장은 설명이 아니라 상상을 불러일으키고, 상상은 결국 행동으로 이어집니다.

말과 글이 함께 가는 공인중개사는
쉽게 잊히지 않는다

"인제 와서 글을 써야 하나요? 말만 잘하면 되는 거 아닌가요?"

정민우는 김 교수의 말에 잠시 당황한 얼굴이었다.

그에겐 말로 설득하는 것, 현장에서 감으로 승부하는 게 공인중개사의 본능처럼 느껴졌다. 그런데 '글'이라니. 왠지 낯설고, 어색하고, 시간이 오래 걸릴 것 같은 일이었다. 하지만 김 교수는 단호하게 말했다.

"말은 사라지지만, 글은 남습니다. 기억에 남는 공인중개사는, 글도 남기는 사람이에요."

유서연은 조용히 고개를 끄덕였다.

그녀는 블로그를 꾸준히 쓰고 있었고, 때로는 블로그에서 계약으로 이어진 경험도 있었다. 하지만 한 가지를 놓치고 있었다. 그녀는 '글'과 '말'을 따로 생각하고 있었다는 것이다. 현장에서는 고객과 열정적으로 대화하지만, 온라인에서는 딱딱하고 무미건조한 정보성 문장만 남겼다.

김 교수는 지적했다.

"고객은 똑같은 사람이에요. 오프라인에서 감동한 사람이 온라인에서 공감해야 관계가 이어집니다. 말과 글이 따로 놀면, 인상도, 기억도 남지 않아요."

정민우는 그 말에 눈을 떴다.

그는 즉시 블로그에 올릴 글을 '대화체'로 바꾸기 시작했다. 실제로 고객과 나눈 질문과 대답을 글에 녹였고, 현장에서 느낀 감정을 고스란히 적었다. 딱딱했던 정보 전달에서 벗어나, 글 속에서 '말하는 공인중개사'가 되기로 한 것이다.

예전에는 '이 매물은 1층 20평, 보증금 3,000만 원에 월세 250만 원입니다'라고 시작했던 소개글이, 이제는 이렇게 바뀌었다.

"이 공간을 처음 봤을 때 떠오른 것은 '작지만 꽉 찬 서점'이었습니다. 유리창 밖으로 햇살이 스며들고, 골목을 지나는 사람들이 발걸음을 멈추는 자리. 책 냄새와 커피 향이 어우러질 때, 이 공간은 단순한 매물이 아닌 하나의 장면이 됩니다."

그의 블로그 글에 달린 댓글은 전과 달랐다.

"공간을 이렇게 느낄 수 있다는 게 놀라워요."
"마치 이야기 하나를 읽은 느낌입니다."

고객은 정보를 넘어 '공감'을 원했다. 그리고 그 공감은 말과 글이 연결될 때 완성되었다.

유서연도 변했다.
상담 중 나눈 인상 깊은 대화를 메모해두었다가 글로 풀었다. 고객의 질문, 고민, 그리고 그녀의 조언을 기록했다. 그러자 이전보다 훨씬 더 진솔한 글이 나왔다. 가식 없는 말투, 꾸밈없는 표현은 글에서 진심을 느끼게 했다.

그녀는 이렇게 말했다.

"글을 쓰는 것은 내가 나를 다시 보는 작업이더라고요. 말은 그 순간 지나가지만, 글은 내 생각을 정리하고 남기는 힘이 있어요."

정민우는 그 말에 공감하며, 블로그 글을 쓸 때 자신만의 리듬을 찾기 시작했다. 처음엔 하루에 한 줄 쓰기도 어려웠지만, 점점 글이 길어지고 감정이 담기기 시작했다. 그는 현장의 에피소드 하나, 고객의 질문 하나를 매일 정리해서 올렸다.

고객의 반응은 놀라웠다.

'이 글을 읽고 계약하고 싶어졌다'라는 댓글이 달리기도 했다.

김 교수는 강조했다.

"글과 말이 일치하는 사람은 신뢰를 줍니다. 상담할 때 들었던 그 느낌을, 블로그에서도 그대로 느끼게 되는 거죠."

유서연은 블로그 글 마지막에 작은 인사말을 남기기 시작했다.

'오늘 하루도 고생 많으셨죠? 다음 글에서는 현장 사진과 함께 점주의 스토리를 소개해드릴게요.'

이 짧은 한 줄이 글을 기다리게 만들었다. 말은 관계의 문을 열고, 글은 그 문을 지키는 열쇠가 되었다.

이제 정민우와 유서연은 말과 글을 모두 다루는 공인중개사로 변화하고 있었다. 고객은 그들을 단지 공인중개사로 보지 않았다. 공감하는 사람, 기억에 남는 사람, 다시 만나고 싶은 사람으로 받아들였다.

김 교수는 마지막으로 말했다.

"공인중개사는 결국 사람의 마음을 다루는 직업입니다. 말과 글이 함께 가는 사람은, 고객의 기억에도 오래 남습니다. 계약이 끝난 후에도 다시 연락이 오는 사람은, 항상 그런 사람이에요."

말과 글. 현장과 기록. 그 두 가지가 함께 갈 때, 공인중개사는 단순한 전달자가 아니라, 고객의 여정에 오래 남는 동반자가 된다.

김 교수의 한마디

말은 고객의 마음을 여는 열쇠이고, 글은 그 마음을 붙잡는 실력입니다. 말과 글이 함께 가는 공인중개사야말로, 고객의 기억 속에 가장 오래 남습니다.

콘텐츠는 공인중개사의
무기가 아니라 정체성이다

"요즘 같은 시대에 누가 블로그를 보나요?"

정민우는 고개를 갸웃했다.

공인중개사로 일하면서 늘 현장을 뛰어다니고 고객과 대화를 나누느라 바쁜 그에게 '콘텐츠'라는 단어는 여전히 생소하고 멀게만 느껴졌다.

하지만 김 교수는 고개를 저으며 단호하게 말했다.

"콘텐츠는 단순한 광고 수단이 아닙니다. 당신이 어떤 사람인지 보여주는 '정체성'입니다."

유서연은 고개를 끄덕였다.

그녀는 이미 블로그를 꾸준히 운영하고 있었지만, 그 의미를 완전히 이해한 것은 아니었다. 그저 홍보용 매물 소개, 가끔 올리는 계약 후기 정도로 생각했던 것이 전부였다. 하지만 김명식 교수의 말은 그녀의 생각을 바꾸어놓았다.

"지금 당신이 쓰는 콘텐츠는, 고객에게 당신을 소개하는 첫 번째 명함입니다."

김 교수는 그들의 노트북을 하나씩 열게 했다.

정민우의 블로그에는 지난달 이후 글이 하나도 없었다.
유서연의 블로그는 너무 딱딱하고 형식적이었다.
사진 몇 장, 가격 정보, 간단한 설명. 그 속에는 '사람'이 없었다.

"콘텐츠는 기술이 아니라 진심이에요. 고객은 정보를 검색하는 게 아닙니다. 사람을 찾는 거예요."

그날 이후 두 사람은 콘텐츠를 대하는 태도가 달라졌다.
정민우는 처음에는 글을 쓰는 대신 짧은 영상을 찍기 시작했다. 자신이 임장을 다니며 느낀 점, 매물 소개하면서 했던 고민, 중개 현장에서 있었던 사소한 일까지. 1분 남짓한 영상에 그의 성격, 톤, 감정이 고스란히 담겼다. 예상보다 반응은 빨랐다.

"영상을 보니 사람 냄새가 나네요."
"이렇게 설명해주는 분은 처음 봤어요."

그 댓글들이 정민우를 움직였다. 그는 매주 두 편씩 꾸준히 올렸고,

어느새 상담 요청이 영상 속 멘트를 언급하며 들어오기 시작했다.

한편 유서연은 블로그의 말투를 바꾸었다. 고객과의 대화, 임장 중 느낀 감정, 사소한 디테일까지 담아내기 시작했다. 그녀는 블로그를 더 이상 '매물 소개 게시판'으로 쓰지 않았다. 글마다 제목을 달았다.

'아이 손 잡고 찾은 우리 동네 가게'
'1층이지만 눈에 안 띄는 이유'
'고객이 5분 만에 돌아선 진짜 이유'

제목만 봐도 사람들은 그녀의 시선과 철학에 끌리기 시작했다.

그리고 어느 날, 한 고객이 말했다.

"글을 읽다가 눈물이 났어요. 제 상황과 너무 비슷해서요."

그 순간 유서연은 깨달았다. 자신이 쓰는 콘텐츠가 단지 계약을 위한 도구가 아니라, 누군가의 삶에 영향을 줄 수 있는 '진짜 정체성'이라는 것을…. 콘텐츠는 마케팅이 아니었다. 그 자체로 신뢰였고, 그녀가 어떤 공인중개사인지 보여주는 '서명'이었다. 그 이후 두 사람의 콘텐츠는 더 깊어졌다.

정민우는 단순한 정보 전달이 아니라, '고민의 여정'을 담기 시작했다. 이 매물을 추천하게 된 이유, 고객이 주저했던 순간, 계약 뒤에 남았던 뒷이야기까지. 그는 고객과 함께 걸었던 길을 영상과 글로 기록했다.

유서연은 글의 끝에 질문을 남기기 시작했다.

"당신이라면 이 자리, 어떻게 보시겠어요?"
"이 공간이 누군가의 삶에 어떤 의미가 될 수 있을까요?"

고객은 단지 정보를 얻는 데 그치지 않고, 그녀의 콘텐츠를 통해 함께 상상하고 공감했다.

김 교수는 마지막으로 이렇게 말했다.

"콘텐츠는 무기가 아니라 정체성입니다. 고객은 당신의 글, 영상, 말투에서 당신을 판단합니다. 당신이 기록한 콘텐츠는 당신을 대신해 하루 24시간 말하는 또 하나의 '공인중개사'가 됩니다."

그 말은 두 사람의 중개 인생에 하나의 방향을 새겨주었다.
기록하는 공인중개사. 말뿐 아니라 글과 영상으로도 소통하는 사람. 고객은 그들을 단지 계약의 상대가 아닌, 신뢰할 수 있는 '사람'으로 기억하기 시작했다.

콘텐츠는 결국, '누가 이 일을 왜 하고 있는가'에 대한 답이었다. 그 질문에 정직하게 답할 수 있는 사람이, 고객의 선택을 받는 시대다.

이제 그들도 알고 있었다.
콘텐츠는 공인중개사의 무기가 아니라, 존재의 증명이라는 사실을.

콘텐츠는 당신이 어떤 공인중개사인지 말없이 보여주는 거울입니다. 그 안에 당신의 태도, 시선, 철학이 담겨 있다면, 고객은 당신을 먼저 찾게 될 것입니다.

에필로그

공인중개사의 진짜 성장은
사람을 남기는 것이다

정민우는 어느 날 문득, 계약서를 정리하다가 멈춰 섰다.

서랍 한쪽에 놓인 노트에는 지난 1년 동안 만났던 고객들의 이름, 상황, 고민이 빼곡히 적혀 있었다.

그중 한 페이지에는 이렇게 쓰여 있었다.

"1월 3일. 김지영 대표. 사무실 구하던 중, 동생 병간호로 잠정 보류. 다시 연락드릴 것."

그는 조용히 그 이름 위에 손가락을 얹었다. 한동안 연락이 없었지만, 왠지 오늘은 연락을 해야 할 것 같은 기분이 들었다. 휴대전화를 들어 메시지를 보냈다.

"대표님, 요즘 어떠세요? 예전 그 말씀, 아직도 기억납니다."

잠시 후 답장이 왔다.

"연락해주셔서 감사해요. 이제 다시 시작해보려고요. 그때 그 매물, 아직 있을까요?"

그 순간, 정민우는 깨달았다. 그가 남긴 건 계약 한 건이 아니었다. '기억'이었다. 고객의 삶 한가운데, 자신이 있었다는 사실. 계약이 아닌 존재로서의 흔적.

며칠 후, 그는 해당 매물을 다시 확인하고 김 대표에게 직접 자료를 준비해 전했다. 예전과 달라진 점, 주변 상권의 변화, 최근 들어온 수요 흐름까지 빠짐없이 정리한 브리핑이었다. 김 대표는 말했다.

"이런 디테일한 설명은 처음이에요. 제가 다시 시작해야겠다는 생각이 든 이유, 아마 오늘 확신이 된 것 같아요."

정민우는 웃으며 답했다.

"대표님의 상황을 기억하고 있었기 때문입니다. 그냥 매물이 아니라, 맞춤이 되어야 하니까요."

유서연도 비슷한 순간을 겪었다. 예전 단골이었던 손님이 문득 찾아와 말했다.

"여기까지 오는 데 한참 걸렸어요. 결국 대표님이 생각나더라고요. 처음 저한테 진심이었던 분은 대표님뿐이었어요."

그 말을 들은 유서연은 조용히 고개를 숙였다. 잠시 멈췄던 감정의

실타래가 다시 풀리는 듯했다. 계약서보다 오래 남는 게 있다면, 그것은 숫자도 매물도 아닌 '기억'이었다.

그녀는 자신이 만든 블로그 글을 다시 읽어보았다. 계약이 끝난 후에도 고객에게 쓴 짧은 편지들. 그 속에는 숫자가 아닌 사람, 조건이 아닌 감정이 있었다.

그녀의 콘텐츠는 계약을 넘어서 관계로 이어졌고, 관계는 다시 새로운 만남으로 이어졌다. 최근에는 단지 입주민 중 한 분이 블로그 글을 보고 연락을 해왔다.

"대표님, 이 글 보고 울컥했어요. 혹시 저희 지인의 매장도 한번 봐주실 수 있을까요?"

그 말에서 유서연은 알 수 있었다. 감동은 콘텐츠로도 전해지고, 콘텐츠는 신뢰로 확장된다는 것을.

그날 밤, 김 교수는 마지막 강의에서 이렇게 말했다.

"공인중개사의 진짜 성장은 계약서에 있지 않습니다. 그 사람이 떠난 뒤에도, 다시 돌아오게 만드는 힘. 그것이 곧 사람을 남기는 공인중개사입니다."

그는 칠판에 크게 글자를 적었다.

"사람이 남는다."

그리고 이어서 말했다.

"수많은 광고와 경쟁 속에서도, 고객이 당신을 기억한다면 그것은 매물이 아니라 당신이 남긴 인상 때문입니다. 고객의 삶에 단 한 줄이라도 당신의 흔적이 남는다면, 그것이 바로 진짜 중개입니다."

강의가 끝난 후 정민우는 교수에게 조용히 말했다.

"예전에는 계약을 좇았는데, 지금은 사람을 봅니다. 그게 달라졌습니다."

유서연도 한마디를 덧붙였다.

"이 일이 이제는 무섭지 않아요. 고객과 함께 살아가는 느낌입니다."

정민우와 유서연은 천천히 고개를 끄덕였다.
그들은 이제 안다. 고객은 가격보다 관계를 기억하고, 조건보다 신뢰를 떠올린다는 것을.

지금, 이 글을 읽는 당신도 알고 있을 것이다.

계약이란 이름으로 시작된 만남이 결국 사람을 남기는 관계로 남을 때, 당신의 중개는 진짜가 된다. 그 진심 하나가, 누군가의 마음에 오래도록 남게 될 것이다. 그리고 그것이 바로, 당신만의 브랜드가 될 것이다.

공인중개사,
생각부터 달라야 산다

제1판 1쇄 2025년 9월 12일

지은이 김명식
펴낸이 한성주
펴낸곳 ㈜두드림미디어
책임편집 최윤경
디자인 노경녀(nkn3383@naver.com)

㈜두드림미디어
등 록 2015년 3월 25일(제2022-000009호)
주 소 서울시 강서구 공항대로 219, 620호, 621호
전 화 02)333-3577
팩 스 02)6455-3477
이메일 dodreamedia@naver.com(원고 투고 및 출판 관련 문의)
카 페 https://cafe.naver.com/dodreamedia

ISBN 979-11-94223-93-1 (03320)

**책 내용에 관한 궁금증은 표지 앞날개에 있는 저자의 이메일이나
저자의 각종 SNS 연락처로 문의해주시길 바랍니다.**